（1879—1942）

白髮怕看新世界
烏衣猶記舊樓臺

陳獨秀

读懂陈独秀

DUDONG CHEN DUXIU

蒋舒 黄莺 编著

广西人民出版社

图书在版编目（CIP）数据

读懂陈独秀 / 蒋舒 黄莺编著.—南宁：广西人民出版社，2015.5

（“巧读·快读”现代名家）

ISBN 978-7-219-08913-2

Ⅰ.①读… Ⅱ.①蒋… Ⅲ.①陈独秀（1879—1942）—生平事迹 Ⅳ.①K827＝6

中国版本图书馆CIP数据核字（2015）第043915号

监　　制　白竹林
策划编辑　田　珅
责任编辑　田　珅
责任校对　唐柳娜
印前制作　麦林书装

出版发行　广西人民出版社
社　　址　广西南宁市桂春路6号
邮　　编　530028
印　　刷　广西大一迪美印刷有限公司
开　　本　875mm×1230mm　1/32
印　　张　9.25
字　　数　250千字
版　　次　2015年5月　第1版
印　　次　2015年5月　第1次印刷
书　　号　ISBN 978-7-219-08913-2/K·1563
定　　价　28.00元

目 录

第五辑　陈独秀著作精选

第一辑　陈独秀的言

社会进化观

我向来有两种信念：一是相信进化无穷期，古往今来只有在一个时代补偏救弊的贤哲，时间上没有“万世师表”的圣人，也没有“推诸万世而皆准”的制度；一是相信在复杂的人类社会，只有一方面的真理，对于社会各有一种救济的学说，空间上没有包医百病的良方。

——《马尔塞斯人口论与中国人口问题》

除了牵强、附会、迷信，世界上定没有万世师表的圣人、推诸万世而皆准的制度和包医百病的学说这三件东西。在鼓吹一种理想实际运动的时候，这种妄想、迷信，自然很有力量、价值，但是在我们学术思想进步上，在我们讨论社会问题上，却有很大的障碍。

——《马尔塞斯人口论与中国人口问题》

新文化运动要注重创造的精神。创造就是进化，世界上不断的进化只是不断的创造，离开创造便没有进化了。我们不但对于旧文化不满足，对于新文化也要不满足才好；不但对于东方文化不满足，对于西洋文化也要不满足才好；不满足才有创造的余地。我们尽可以前无古人，却不可后无来者；我们固然希望我们胜过我们的父亲，我们更希望我们不如我们的儿子。

——《新文化运动是什么?》

改造社会自然应该从大处着想，自然应该在改革制度上努力，如此我们的努力才是经济的，但是不可妄想制度改革了样样便立刻会自然好起来。只可说制度不改，我们的努力恐怕有许多是白费了，却不可说制度改了，我们便不须努力。无论在何种制度之下，人类底幸福，社会底文明，都是一点一滴地努力创造出来的，不是像魔术师画符一般把制度改了，那文明和幸福就会从天上落下来。怀这种妄想的人就是人类懒惰心理的表现。

——《懒惰的心理》

社会底进步不单是空发高论可以收效的，必须有一部分人真能指出现社会制度底弊病，用力量把旧制度推翻，同时用力量把新制度建设起来，社会才有进步。力量用得最剧烈的就是革命。革命不是别的，只是新旧制度交替底一种手段，倘革命后而没有新的制度出现，那只算是捣乱、争权利、土匪内乱，不配冒用革命这个神圣的名称。若说制度总不是好东西，不如根本革了他的命，这种高论或者有人以为如此才算彻底，其实旧制度正可借这种高论苟延残喘。因为凡是一种制度，都有他所以成立的理由和成立经过在历史上的势力，非有一种新的制度经过人们努力建设，成了舆论，成了法律，在事实上有代替他的势力，他是不会见了高论，就自然消灭的。

——《革命和制度》

统计人类社会兵争之祸有四：(1) 外患，这是种族间的侵略战争；(2) 内乱，这是野心家抢夺政权的战争；(3) 革命，这是社会组织进化的战争；(4) 反革命，这是社会组织退化的战争。

这一切现象界均日在进化的过程中变动不息，人类社会也是现象界之一，在如流不息的渐变中，积诸多复杂的因果关系，往往现出组织上的顿变，革命便是这种顿变之代名词。

革命既是社会组织进化过程中之顿变的现象，则革命必以不违反进化社会组织为条件，反革命必以违反进化为条件，内乱乃以社会组织之进化或退化两无主义为条件。革命者、反革命者及批评家必须明白了解这些观念，然后才不至于堕入迷途。

——《革命与反革命》

革命不过是手段不是目的，除旧布新才是目的。若是忘了目的，或是误以手段为目的，那便是大错而特错。

——《革命与作乱》

东西方文化与文明

中国底文化源泉里，缺少美的、宗教的纯情感，是我们不能否认的。不但伦理的道义离开了情感，就是以表现情感为主的文学，也大部分离开了情感，加上伦理的（尊圣、载道）、物质的（纪功、怨穷、诲淫）彩色，这正是中国人堕落底根由……

——《基督教与中国人》

西洋文化我们固然不能满意，但是东方文化我们更是领教了，他的效果人人都是知道的，我们但有一毫一忽羞恶心，也不至以此自夸。西洋人也许有几位别致的古董先生怀着好奇心要倾向他；也许有些圆通的人拿这话来应酬东方的土政客，以为他们只听得懂这些话；也许有些人故意这样说来迎合一般朽人底心理；但是主张新文化运动底青年，万万不可为此呓语所误。“科学无用了”“西洋人倾向东方文化了”这两个妄想倘然合在一处，就是新文化运动一个很大的危机！

——《新文化运动是什么？》

我相信耶稣若生在中国，也必然主张夫妇、父子、君臣的伦理道德，孔子若生在印度，也必然是一个悲观厌世的宗教家，释迦牟尼若生在欧洲，也必然是一个主张自由进取的伟人。为什么呢？因为他们所在的社会都有支配他们思想的力量。

——《新教育是什么?》

国果有粹，未始不可保存。乃国人于一切事物，无论好歹，凡是古代遗留者，均以“保存国粹”为前提，不许自由思想者加以非议，其弊病将不可胜言。

——《答王禽雪》

我们反对孔教，并不是反对孔子个人，也不是说他在古代社会无价值。不过因他不能支配现代人心，适合现代潮流，还有一班人硬要拿他出来压迫现代人心，抵抗现代潮流，成了我们社会进化的最大障碍。

——《孔教研究》

窃以为无论何种学派，均不能定为一尊，以阻碍思想文化之自由发展。况儒术孔道，非无优点，而缺点则正多。尤与近世文明社会绝不相容者，其一贯伦理政治之纲常阶级说也。此说不破，吾国之政治、法律、社会道德，俱无由出黑暗而如光明。

——《答吴又陵》

袁世凯之废共和复帝制，乃恶果非恶因；乃枝叶之罪恶，非根本之罪恶。若夫别尊卑，重阶级，主张人治，反对民权之思想之学说，实为制造专制帝王之根本恶因。吾国思想界不将此根本恶因铲除净尽，则有因必有果，无数废共和复帝制之袁世凯，当他接踵应运而生，毫不足怪。

——《袁世凯复活》

从前戊戌政变后，反动政治与尊孔运动一时并起；袁世凯要做皇帝，同时尊孔祈天也闹得很起劲；现在南京的军民两长又接到曹锟通电募捐修理孔庙，拟各种捐洋五千元。每逢中国政治反动一次，孔圣人便走运一次，可见反动势力和孔圣人本是一家眷属。

——《孔圣人又要走运了》

请看近数十年的历史，每逢民主运动失败一次，反动潮流便高涨一次；同时孔子便被人高抬一次，这是何等自然的逻辑！

——《孔子与中国》

人与人相处的社会，法律之外，道德也是一种不可少的维系物。否认道德的人，无论他属那一阶级，那一党派，都必然是一个邪僻无耻的小人；但道德与真理不同，他是为了适应社会的需要而产生的，他有时间性和空间性，此方视为道德的，别方则未必然，古时所视为不道德的，现代则未必然。……总之，道德是应该随时代及社会制度变迁，而不是一成不变的；道德是用以自律，而不是拿来责人的；道德是要躬身实践，而不是放在口里乱喊的，道德喊声愈高的社会，那社会必然落后，愈堕落。

——《道德之概念及其学说派别》

感情和理性，都是人类心灵重要的部分，而且有时两相冲突。爱国大部分是感情的产物，理性不过占一小部分，有时竟全然不合乎理性（德国和日本的军人，就是如此）。人类行为，自然是感情冲动的结果。我以为若是用理性做感情冲动的基础，那感情才能够始终热烈坚固不可摇动。当社会上人人感情热烈的时候，他们自以为天经地义的盲动，往往失了理性，做出自己不能认识的罪恶（欧战时法国、英国市民打杀非战派，就是如此）。这是因为群众心理不用理性做感情的基础，所以群众的盲动，有时为善，有时也可为恶。

——《我们究竟应当不应当爱国?》

个人自爱心无论如何发达，只要不伤害他人生存，没有什么罪恶。民族自爱心无论如何发达，只要不伤害他族生存，也没有什么罪恶。据以上的讨论，若有人问：我们究竟应当不应当爱国？我们便大声答道：

我们爱的是人民拿出爱国心抵抗被人压迫的国家，不是政府利用人民爱国心压迫别人的国家。

我们爱的是国家为人民谋幸福的国家，不是人民为国家做牺牲的国家。

——《我们究竟应当不应当爱国?》

有群众便有群众心理，并不是古代或宗教时代特殊的现象。法人杀死柔勒及五四运动和宗教迷信有什么关系呢？群众心理都是盲目的，无论怎样大的科学家，一旦置身于群众，便失去了理性，这是心理学说及我们眼见的许多事实可以证明。用一二人可以利用的群众心理一时感情所造成之公众意见，来代替那经过长久时间理性的讨论及多数议决之法律，不能说不是无政府主义最大的缺点之一。

——《讨论无政府主义——给区声白的三封信》

人类本能上，有侵略、独占、利己、忌妒、争杀、虚伪、欺诈等等恶德，也没有人能不承认是实在如此。然断乎没有人肯主张应该如此。惰性也是人类本能上的一种恶德，是人类文明进化上的一种障碍，新旧杂糅调和缓进的现象，正是这种恶德这种障碍造成的。所以新旧调和只可说是由人类惰性上自然发生的一种不幸的现象，不可说是社会进化上一种应该如此的道理。若是助纣为虐，把他当做指导社会应该如此的一种主义主张，那便误尽苍生了。

——《调和论与旧道德》

我们不满意于旧道德，是因为孝弟底范围太狭了。说什么爱有差等，施及亲始，未免太滑头了。就是达到他们人人亲其亲、长其长的理想世界，那时社会的纷争恐怕更加厉害；所以现代道德底理想，是要把家庭的孝弟扩充到全社会的友爱。现在有一班青年却误解了这个意思，他并没有将爱情扩充到社会上，他却打着新思想新家庭的旗帜，抛弃了他的慈爱的、可怜的老母。这种人岂不是误解了新文化运动的意思？因为新文化运动是主张教人把爱情扩充，不是主张人把爱情缩小。

——《五四运动的精神是什么》

大凡一个怯懦的个人或民族，对于敌人每每缺乏公开争斗的勇气，他们最得意的手段，是藏在暗中造谣中伤。

——《造谣中伤》

宗教之为物，无论其若何与高尚文化之生活有关，若何有社会的较高之价值，但其根本精神，则属于依他的信仰，以神意为最高命令；伦理道德则属于自依的觉悟，以良心为最高命令；此过去文明与将来文明，即新旧理想之分歧要点。

——《答俞颂华》

政治观

我们虽不迷信政治万能，但承认政治是一种重要的公共生活；而且相信真的民主政治，必会把政权分配到人民全体，就是有限制，也是拿有无职业做标准，不拿有无财产做标准；这种政治，确是造成新时代一种必经的过程，发展新社会一种有用的工具。至于政党，我们也承认他是运用政治应有的方法；但对于一切拥护少数人私利或一阶级利益，眼中没有全社会幸福的政党，永远不忍加入。

——《〈新青年〉宣言》

我对于政治底态度，一方面固然不以绝口不谈政治为然，一方面也不愿意和一般拿行政或做官弄钱当做政治的先生们谈政治。换句话说，就是：你谈政治也罢，不谈政治也罢，除非逃在深山人迹绝对不到的地方，政治总会寻着你的；但我们要认真了解政治底价值是什么，决不是争权夺利的勾当可以冒牌的。

——《谈政治》

小农及手工业的社会，本来对于政治及政党不甚关心，这是中国进步迟缓的现象，决不可说是好现象，军阀政治正是根据这个现象而发生而继续存在的。主张“不问政治”、“不要政党”，此时一定很受人欢迎。无政府派在中国鼓吹不问政治不要政党，也和太戈尔在中国反对科学反对物质文明一样，都是拿催眠药给瞌睡虫吃。

——《无政府工团主义和黑暗势力》

凡一党一派人之所主张，而不出于多数国民之运动，其事每不易成就，即成就矣，而亦无与于国民根本之进步。吾国之维新也，复古也，共和也，帝政也，皆政府党与在野党之所主张抗斗，而国民若观对岸之火，熟视而无所容心，其结果也，不过党派之胜负，于国民根本之进步，必无与焉。

——《一九一六年》

人民何故必建设国家？其目的在保障权利，共谋幸福，斯为成立国家之精神。

……

爱国心，情之属也。自觉心，智之属也。爱国者何？爱其为保障吾人权利谋益吾人幸福之团体也。自觉者何？觉其国家之目的与情势也。是故不知国家之目的而爱之则罔，不知国家之情势而爱之则殆，罔与殆，其弊一也。

——《爱国心与自觉心》

我们一方面天天骂军阀官僚包办政治败坏国家，一方面却又天天主张我们不干预政治，这种思想是何等矛盾！中国社会向分士、农、工、商四个阶级，士人（教育界属之）说，我们只要专心办学求学，不必问政治；农民更在那里睡觉，连政治这个名词还不大知道；工人说，我们只求改良生活，我们不愿干预政治；商人也说不谈政治。好了，士、农、工、商都不问政治，一个国家又不能没有政治，如此政治只得让军阀官僚来包办了。因此，我们敢说：中国政治坏到现在这样地步，不是军阀官僚自己要包办政治的罪恶，乃是士、农、工、商都放弃责任而且忍心害理的主张不问政治，甘心让军阀官僚包办的罪恶。单就教育界的士说，政治不清明，财政紊乱，教育费无着，你们如何能办学，求学？

亚里斯多德说得好，“人是政治的动物”，除非不是人，那能够不问政治！“不问政治”这句话，是亡国的哀音，是中国人安心不做人的表示！

——《教育界能不问政治吗？》

中国人最大的病根，是人人都想用很小的努力牺牲，得很大的效果。这病不改，中国永远没有希望。社会上对于五四运动，与以前的爱国运动的感想不同，也是因为有无牺牲的精神的缘故。

——《五四运动的精神是什么》

近来有一部分思想高远的人，或是相信个人主义，或是相信世界主义，不但窥破国家是人为的不是自然的没有价值，并且眼见耳闻许多对内对外的黑暗罪恶，都是在国家名义之下做出来的。……思想高远的人反对爱国，乃是可恶野心家利用他压迫别人。

——《我们究竟应当不应当爱国?》

人类社会之进步，虽不幸而有一时的曲折，甚至于一时的倒退，然而只要不是过于近视的人，便不能否认历史的大流，终于是沿着人权民主运动的总方向前进的。

——《孔子与中国》

人民程度与政治之进化，乃互为因果，未能徒责一方者也。多数人民程度去共和过远，则共和政体万无成立之理由（愚于《吾人最后之觉悟》文中已略明此义）。然吾人论证若不以促进共和为鹄的，则上之所教，下之所学，日日背道而驰，将何由而使其民尽成共和之民哉?

——《答常乃惠》

我们中国多数国民口里虽然是不反对共和，脑子里实在装满了帝制时代的旧思想，欧美社会国家的文明制度，连影儿也没有，所以口一张，手一伸，不知不觉都带君主专制臭味。不过胆儿小，不敢像筹安会的人，堂堂正正的说将出来。其实心中见解，都是一样。

——《旧思想与国体问题》

欧美政治学者诠释近世国家之通义曰："国家者，乃人民集合之团体，辑内御外，以拥护全体人民之福利，非执政之私产也。"易词言之，近世国家主义，乃民主的国家，非民奴的国家。民主国家，真国家也，国民之共产也，以人民为主人，以执政为公仆者也。民奴国家，伪国家也，执政之私产也，以执政为主人，以国民为奴隶也。真国家者，牺牲个人一部分之权利，以保全体国民之权利也。伪国家者，牺牲全体国民之权利，以奉一人也。

——《今日之教育方针》

吾人宁取共和民政之乱，而不取王者仁政之治。盖以共和民政为自动的自治的政制，导吾人于主人地位，于能力伸展之途，由乱而治者也。王者仁政为他动的被治的政制，导吾人于奴隶地位，于能力萎缩之途，由治而乱者也。倘明此义，一切旧货骨董，自然由脑中搬出，让自由新思想以空间之位置，时间之生命也。

——《答常乃惠》

以行政言，仁政自优于虐政；以政治言，仁政之伤损国民自动自治之人格，固与虐政无殊；以治乱言，王政之治乃一时的而非永久的，乃表面的而非里面的。共和之始，乃永久的而非一时的，乃里面的而非徒表面的也。若共和之乱，乃过渡时代一时之现象，且为专制余波所酿成，绝非真共和自身之罪恶。

——《再答常乃惠》

我以为法律产生事实的力量小，事实产生法律的力量大，社会上先有一种已成的事实，政府承认他的“当然”就是法律，学者说明他的“所以然”就是学说。一切法律和学说，大概都从已成的事实产生出来的。譬如英、美两国的自治制度，都是先由他们的人民创造出来这种事实，后来才由政府编成法典，学者演成学说，并不是先由政府颁布法典，学者创出学说，他们人民才去照办的。

——《实行民治的基础》

我并不是为段派，曹、陆，安福部辩护，我只希望我们青年国民要有彻底的觉悟。所谓彻底的觉悟，并不是要来彻底的攻击他们，是要一方面彻底的觉悟他们不可靠，一方面彻底的觉悟只有我们自己可靠。不管他们怎样横暴贪污，只要我们自己万万不可再像他们那样横暴贪污，从自己个人起，要造成完全公正廉洁的人格，再由自己个人延长渐渐造成公正廉洁的社会；这公正廉洁的部分渐渐延长，那横暴贪污的部分自然渐渐缩小。照这样办法，虽说过于迟缓，就怕比用特别大气力、求急速改造社会的效果还大，还要实在。

——《段派，曹、陆，安福俱乐部》

战争与革命，只有在趋向进步的国家，是生产力发达的结果，又转而造成生产力发展的原因；若在衰退的国家，则反而使生产力更加削弱，使国民品格更加堕落——夸诞、贪污、奢侈、苟且，使政治更加黑暗——军事独裁化。

——《我的根本意见》

我们现在所盼望的实行民治，自然也不限于政治一方面。而且我个人的意思：觉得“社会生活向上”是我们的目的，政治、道德、经济的进步，不过是达到这目的的各种工具。政治虽是重要的工具，总不算得是目的。我敢说若要改良政治，别忘了政治是一种工具，别拿工具当目的，才可以改良出来适合我们目的的工具。

——《实行民治的基础》

现在批评社会主义的人们，以为社会主义者是专门从事于分配方法，就是相信社会主义的人们，也往往误会到这样。其实专讲分配方法去平均贫富，是均富主义，不是社会主义。社会主义是对于生产方法和分配方法同时并重的。

——《关于社会主义问题》

人生的意义

如何才是正当的人生，这题大约有两种观念：第一种是精神上的，第二种是物质上的。我以为精神上的人生，没有什么标准，人说善则善，人说恶则恶，人说苦则苦，人说乐则乐。譬如中国妇女的生活，有时明明是痛苦的，因为旧道德支配着，也觉得自己是无上光荣，是无上快乐；还有好些快乐生活的人，有时也觉得是很痛苦的，所以在精神上讲来，很难辨别人生正当不正当啊。

如果就物质上说，较为有点标准，然而非两三句话就可以说明，古来的解说也很多。我的意思，以为物质上的生活，能够做到平等、自由，便是正当的人生。因为人人都是人类，不应该受他人的压迫。如果我压迫人，或人压迫我，都是不正当的人生。

——《如何才是正当的人生》

个人的生命最长不过百年，或长或短，不算什么大问题，因为他不是真生命。大问题是什么？真生命是什么？真生命是个人在社会上留下的永远生命，这种永远不朽的生命，乃是个人一生底大问题。社会上有没有这种长命的个人，也是社会底大问题。

Olive Schreiner 夫人底小说有几句话："你见过蝗虫他们怎样渡河么？第一个走下水边，被水冲走了，于是第二个又来，于是第三个，于是第四个；到后来，他们的死骸堆积起来，成了一座桥，其余的便过去了。"那过去底人不是我们的真生命，那座桥才是我们的真生命，永远的生命！因为过去底人连脚迹也不曾留下，只有这桥留下了永远纪念底价值。

——《欢迎湖南人的精神》

反抗是好现象不是坏现象，反抗与结合，是相反相成的作用，是社会进化所必经的现象，社会上倘永远没有反抗的现象，便永远没有进步。

——《自杀论——思想变动与青年自杀》

舆论就是群众心理底表现，群众心理是盲目的，所以舆论也是盲目的。古往今来这种盲目的舆论，合理的古人成就过事功，不合理的也造过许多罪恶。反抗舆论比造成舆论更重要而却更难。投合群众心理或激起群众恐慌的几句话，往往可以造成力量强大的舆论，至于公然反抗舆论便不是一件容易的事了。然而社会底进步或救出社会底危险，都需要有大胆反抗舆论的人，因为盲目的舆论大半是不合理的。此时中国底社会里正缺乏有公然大胆反抗舆论的勇气之人！

——《反抗舆论的勇气》

思想的方法

不说老实话的人，决不会负责任，话既然不老实，根本无责可负。说老实话，可以说是负责任的基本条件。

——《说老实话》

个人不说老实话，其事还小；政府使人不敢说老实话，事情已经够严重了；社会不容许人说老实话，则更糟。至于纯洁的有志青年，也不愿听老实话，而乐于接受浮夸欺骗的宣传，尤其是盲目信从在野党不负责任的胡吹乱道，那便是无药可救了！

现在的环境并不容许我说我所应说的老实话，即偶然吐出万分之一不忍附和时论的话，已经使有些人大大的不快了。我不敢自吹我是敢于说老实话，我只自誓：宁可让人们此时不相信我的说话，而不愿利用社会的弱点和迎合青年的心理，使他们到了醒觉之时，怨我说谎话欺骗了他们！

说老实话的人一天多似一天，说老实话的风气一天盛似一天，科学才会发达，政治才会清明，社会才会有生气，如此国家，自然不易灭亡，即一时因战败而亡，其复兴也可坐而待；否则只会有相反的结果！

——《说老实话》

（一）我以为在社会底进化上，物质的自然趋向底势力很大，留心改造社会底人万万不可漠视这种客观的趋向，万万不能够妄想拿主观的理想来自由改造，因为有机体的复杂社会不是一个面粉团子能够让我们自由改造的，近代空想的社会主义和科学的社会主义之重要的区别就在此一点。（二）世间有没有万古不易的东西（说有万古不易的东西固然不对，一定说没有万古不易的东西，在逻辑上也有毛病），终极的理想是什么，我们似乎不必作此无益的推敲；我们应该努力去做的有益事业只有说明现在社会里已有的毛病，建设最近的将来比较善良的社会；倘若迷信很远的将来及终极的理想社会才算彻底，而对于现在及最近的将来之改造以为不彻底不去努力，这种人只算是“候补改造者”，可惜他来到这世界上太早了一点。我们若单单空想最远的将来及终极的理想，把现在及最近的将来努力放弃了，那么世界终极是或者要毁坏的，个人终极也都要死亡的，我们未到终极期间底一切努力岂不是无意识么？（三）我们改造社会是要在实际上把他的弊病一点一滴一桩一件一层一层渐渐的消灭去，不是用一个根本改造底方法，能够叫他立时消灭的，更不是单单在理论上笼统的否认他，他便会自然消灭的。譬如医治多年的疾病，纵然有药到病除底仙丹妙药，也要有这药才能够治病，断不是在理论上否认这病，这病便自然会好的。因为要治致命的病，有时必须用毒药，甚至于须用点必然发生副作用的毒药，都是不可避免的。

——《答郑贤宗》

“教学者如扶醉人，扶得东来西又倒。”现代青年底误解，也和醉人一般。你说要鼓吹主义，他就迷信了主义底名词万能。你说要注重问题，他就想出许多不成问题的问题来讨论。你说要改造思想，他就说今后当注重哲学不要科学了。你说不可埋头读书把社会公共问题漠视了，他就终日奔走运动把学问抛在九霄云外。你说婚姻要自由，他就专门把写情书寻异性朋友做日常重要的功课。你说要打破偶像，他就连学行值得崇拜的良师益友也蔑视了。你说学生要有自动的精神，自治的能力，他就不守规律，不受训练了。你说现在的政治法律不良，他就妄想废弃一切法律政治。你说要脱离家庭压制，他就抛弃年老无依的母亲。你说要提倡社会主义，共产主义，他就悍然以为大家朋友应该养活他。你说青年要有自尊底精神，他就目空一切，妄自尊大，不受善言了。你说反对资本主义的剩余劳动，他就不尊重职务观念，连非资本主义的剩余劳动也要诅咒了。你说要尊重女子底人格，他就将女子当做神圣来崇拜。你说人是政治的动物不能不理政治，他就拿学生团体底名义干预一切行政司法事务。你说要主张书信秘密自由，他就公然拿这种自由做诱惑女学生底利器。长久这样误会下去，大家想想是青年底进步还是退步呢?

——《青年的误会》

我看见有许多青年只是把主义挂在口头上不去做实际的努力，因此我曾说："我们改造社会是要在实际上把他的弊病一点一滴一桩一件一层一层渐渐的消灭去，不是用一个根本改造底方法，能够叫他立时消灭的。"又曾说："无论在何制度之下，人类底幸福，社会底文明，都是一点一滴地努力创造出来的，不是像魔术师画符一般把制度改了，那文明和幸福就会从天上落下来。"

……

但现在有一班妄人误会了我的意思，主张办实事，不要谈什么主义，什么制度。主义制度好比行船的方向，行船不定方向，若一味盲目的努力，向前碰在礁石上，向后退回原路去都是不可知的。

——《主义和努力》

我以为相信一种主义，不应该空空洞洞的盲从，必定要知道他的精髓所在；如果指不出他的精髓，就不配说信什么主义，也不配批评主义。

——《社会主义批评——在广州公立法政学校演词》

教育与其他

要知道好的教育，应该是学生教先生，这句话说来很奇，怎样学生反而教起先生来呢？就是先生在教授时候，必定要拿学生做本位，细细考察这一班许多学生。因为一个学生，有一个学生的特性，一个学生，有一个学生的天才，用什么教材放进，便有什么反应发生，不是随便可以教授的，做教师的，应该从学生的个性里得到种种经验来。

——《教育缺点》

我对于教育的意见，第一是希望有教育，无论贵族的平民的都好，因为人们不受教育，好像是原料不是制品；二是希望教育是平民的而非贵族的，因为资本社会里贵族教育制造出来的人才，虽非原料，却是商品。

——《平民教育》

现在世上是有两条道路：一条是向共和的科学的无神的光明道路；一条是向专制的迷信的神权的黑暗道路。

现在的新派人物，虽说没什么思想学问，但总算是倾向共和科学方面。在代表专制迷信的旧人物看来，这些新人物，无非是叛逆，是异端邪教，所以时时刻刻想讨灭这班叛逆异端邪教，方足以肃纲纪而正人心。这就是中国自戊戌以来政变的根本原因了。

——《克林德碑》

辜鸿铭在北京大学教员会议席上说："如今没有皇帝，伦理学这门功课可以不讲了。"柏林大学有一位教授对中国新去的留学生说："现在凯撒都没有了，你们来到德国学什么?"原来没有皇帝便没有学术吗?这种思想固然很可笑，但我们且莫笑，我们若仍旧迷信个人有超越民众的力量，岂不是和他们一样可笑!

——《皇帝与学术》

中国学术不发达之最大原因，莫如学者自身不知学术独立之神圣。譬如文学自有其独立之价值也，而文学家自身不承认之，必欲攀附《六经》，妄称"文以载道"，"代圣贤立言"，以自贬抑。史学亦自有其独立之价值也，而史学家自身不承认之，必欲攀附《春秋》，着眼大义名分，甘以史学为伦理学之附属品。音乐亦自有其独立之价值也，而音乐家自身不承认之，必欲攀附圣功王道，甘以音乐学为政治学之附属品。医药拳技亦自有独立之价值也，而医家拳术家自身不承认之，必欲攀附道术，如何养神，如何练气，放“与天地鬼神合德”，方称“艺而近于道”。学者不自尊其所学，欲其发达，岂可得乎？

——《学术独立》

我们相信尊重女子的人格和权利，已经是现在社会生活进步的实际需要；并且希望他们个人自己对于社会责任有彻底的觉悟。

——《〈新青年〉宣言》

中国妇女精神上的苦恼，那便是一时说不尽了。一切体教、法律、社交、教育、职业，无不压抑女子，所以有人号召“男女平等”。我以为按照中国妇女地位，在决定“男女平等”这个问题之前，更要紧的问题，是决定女子也是个“人”。我们中国的诗礼之家，有客来访问时，若男主人不在家，女人必定隔着门帘回答：“我家里没有人。”这就是中国的妇女不自算是个“人”的铁证。所以中国妇女，第一必须取得法律家所谓“自然人”的资格，然后才能够说到别的问题，才能够说到和别的人同等权利。

——《我的妇女解放观》

通俗易解是新文学底一种要素，不是全体要素。现在欢迎白话文的人，大半只因他通俗易解；主张白话文的人，也有许多只注意通俗易解。文学、美术、音乐，都是人类最高心境底表现，白话文若只以通俗易解为止境，不注意文学的价值，那便只能算是通俗文，不配说是新文学，这也是新文化运动中一件容易误解的事。

——《新文化运动是什么?》

我们中国历来私人的历史家很少，留心记载当时历史材料的历史家更少；因此，我们要研究前代社会状况，读小说往往好过读历史。但是这种小说家兼任历史家的习惯，终是小说、历史两方面发达底障碍。

我们一方面希望有许多留心社会状况的纯粹历史家出来，专任历史底工作；一方面希望有许多留心社会心理的纯粹小说家出来，专任小说底工作，分工进行，才是学术界的好现象。

——《〈红楼梦〉新叙》

第二辑　陈独秀的行

1. 陈独秀自小就聪明过人，同样的课程，他往往比他人学得快、学得好。因此，授教的祖父对他格外重视，当然，对他的要求也比其他的孩子严格，传授的知识更是相较深了不少。一天，祖父叫他背四书五经。陈独秀背得磕磕巴巴，祖父十分不满，大怒道："你大伯父在你这么大时，这几篇东西早就会背了。"说完抓起棍子就抽打陈独秀。陈独秀不但没哭，反而紧闭着嘴气愤地瞪着挥棍的祖父。这使祖父更是生气万分。这样的事情后来出现了好几次，最后祖父拿他的倔强没有了办法，只得感叹："这个小东西将来长大成人，必定是一个杀人不眨眼的凶恶强盗，真是家门不幸!"

2. 陈独秀在学堂挨祖父抽打被母亲知道。母亲抚摸着他手臂上的红印，心疼地搂他进怀，问他疼不疼，并勉励他一定要好好学习，将来为门楣增光。躺在母亲温暖的怀里，听着母亲轻言细语的担忧和劝勉，小独秀失声哭了起来。母亲忙给他拭泪说：祖父打你都没有哭，怎么现在就哭了呢?

3. 当地有个专事"阴差"事务的人，经常找些理由窜行于各家骗取点钱花。一天，这人来到陈独秀家。陈独秀母亲查氏虽然不很喜欢，但还是按礼俗接待了他。这人进屋坐定喝茶闲扯了几句，就开始了装神弄鬼的表演。只见他突然口吐白沫，猛地倒地，四肢抽搐了几下，不一会儿就开始了胡言乱语。他说，陈家逝去的亲人在阴间过得十分可怜，望能托他带些钱财给他们。查氏便顺着他的意思，在他的手里放了几块钱。陈独秀早就厌烦这人，决定揭穿他的骗局。于是，趁这人“已入阴间”，找了好几个小伙伴，绕着房屋一起大叫：起火了！起火了！“已入阴间”的家伙以为真的起火了，就立时醒了过来，对查氏说：“我在阴间闻到烟火味，果然起火了。”说完，起身就往外跑。躲在屋外的陈独秀和伙伴们，见这人出门先是慌张疑惑后是尴尬加愤怒的表情，一起哄堂大笑。

4. 陈独秀稍大一点后，由哥哥庆元教授学习。他一向不喜欢八股文章，庆元也知道这一点，加上对陈独秀的个性比较了解，所以，庆元并不一味强迫弟弟，而是允许他看一些如《昭明文选》这样的“闲书”。当母亲发现陈独秀看这样的“闲书”时，庆元还替陈独秀说项，说这样反而利于他的学习。真正使庆元遇到难题的是，考期临近，陈独秀还日日看着“闲书”。这时，母亲查氏出面了，她对陈独秀说：该看正经儿的书了，不图一官半职、飞黄腾达，但是去到考场放个屁，也算替祖宗争口气。你这样贪玩，怎么对得起你死去的爸？说着说着，查氏的眼泪就直往下掉。陈独秀一见母亲流泪，就立马捧起了“圣贤之书”，硬着头皮学习起了八股文章。

5. 为了母亲的愿望，17岁的陈独秀参加了本地的院试，考题为“鱼鳖不可胜食也材木”。这个根本让人读不懂也不通的截搭题，让本就厌烦八股文的陈独秀火冒三丈。他想，题目如此胡乱截搭狗屁不通，干脆也就用不通的文句回应它好了。于是，他将自己见过的生僻冷字搜罗出来胡编乱凑，挤满了几页纸，就交了上去。不料，放榜那天，消息传来，说陈独秀考得了第一名，成为了一名秀才。亲朋好友纷纷道贺，陈独秀表面乐呵呵的，但内心对八股科举的不屑又加深了一层。

6. 1901年10月，陈独秀在东京上学，并加入了当时中国留日学生在东京组织的“励志社”。这是个留日学生相互勉励共同上进的学生团队，陈独秀在里面也受益不少。但后来清廷的官员来到日本考察，想于“励志社”中招几名学生任翻译。这时，不少如章宗祥、曹汝霖等“励志社”成员，竟然为了争当翻译差点厮打起来。陈独秀没想到自己加入的团队居然有这样的人，毅然退出了“励志社”。

7. 在日读书期间，学生监督姚昱是一个拖着大辫子的典型的官府奴才，对朝廷奴颜媚骨，对学生色厉内荏，学生们对之早已不满。陈独秀、张继、邹容乃于一个夜晚，趁黑潜入姚昱的房间，七手八脚将姚昱制服。陈独秀掏出剪刀，咔嚓一声剪掉了姚昱的辫子，三人出来，还将辫子高高挂到留学生会馆，引起学生们一片欢呼。后来，三人因此被驱逐出境，但陈独秀不以为意，只为打掉了姚昱的气焰而心花怒放。

8. 1904年，陈独秀兼任安徽公学国文教师。他上课完全不像其他老师，时时摆出师道尊严的样子。有时上课，身体哪个部位痒，他竟然于学生睽睽众目下，一手探进衣裤内，边搔痒边讲授。受他的影响，学生的作业也“不拘小节”。一日，陈独秀批改作业，见一个学生作诗“屙屎撒尿解小手，关门掩户圈柴扉”，不禁哈哈大笑。他用毛笔在一旁批了“诗臭尿腥”四个字，然后又加了两句诗：“劝君莫做诗人梦，打开寒窗让屎飞。”

9. 陈独秀于杭州任职期间，一日，来到一同事刘三家里闲坐，见到了沈尹默的题诗，乃决定登门拜访。他寻到沈尹默住处，敲门进屋，不待沈尹默开口就大声说：“我叫陈仲甫，昨天在刘三家看到你写的诗，诗作得很好，但是字却实在太差劲儿了。”两人素不相识，居然见面就是如此刺耳的评价，这实在有些过分，沈尹默心里颇不舒服。陈独秀依然不管不问，将沈尹默的字又评述了一番。沈尹默见他说得有理，心里慢慢平复了下来。后来，沈尹默听从陈独秀的劝告，终成一代书法大家，二人也结成一辈子的好友。

10. 辛亥革命后，陈独秀的好友孙毓筠当上了安徽的都督，立刻拍电报邀请陈独秀去做安徽省的都督府秘书长。陈独秀就职后，因为格外认真加上性急，和同事们的关系处理得不是太好。因为他总是恨不得一日干三日的事，同事们则多是拖拖拉拉。为此，孙毓筠提醒他通融通融，不要老是坚持自己的意见。哪知陈独秀一听，不顾老友和上司的情面，竟然大怒，并说，如果那样，我们这革命后的公仆，和旧官僚有什么两样？

11. 陈独秀婚后，长期以来，家里各项费用基本不用他负担，陈独秀只要喂饱自己就万事无忧了。可是自从和高君曼结合生了两个孩子后，仅靠自己的一支笔写文章挣钱，生活自是过得十分拮据，家里经常穷得揭不开锅。可是，他一贯的硬汉性格，拉不下情面，从不向朋友开口求助。因为自己正在给朋友汪孟邹的亚东图书馆写一本书，所以，当身无分文时，他就来到东亚图书馆坐坐。一旦汪孟邹见陈独秀久坐而话少，就知道他家又断炊了，于是就说："要拿一些钱吧？"陈独秀点点头。汪孟邹便拿一点钱给他。陈独秀接了汪孟邹递过来的一元两元钱，再坐一会儿，就回家去了。

12. 陈独秀小时候就被过继给他的叔父。叔父由于善于经营，家境颇为殷实，甚至在北京也开有很大的店铺。可是，陈独秀从来都是独立自主，很少求助于家庭。后来，因为恋爱问题，更是几乎与叔父断绝了来往。有一次他到北京，路过他家开的一个大铺子，掌柜一听“小东家”来了，请他赏个面子，过去瞧瞧，谁知他却袖子一甩，说“铺子不是我的”，扬长而去。

13. 他在北大任教时，师生合影送别即将毕业的学生。前排的老师中陈独秀恰好和梁漱溟坐在一起。梁漱溟很谨慎，把脚收在椅子下面；陈独秀很豪放，把脚一直伸到梁漱溟的前面。相片出来以后，班长给陈独秀送相片去，他一看，说：“照得很好，就是梁先生的脚伸得太远一点。”班长忍不住说：“这是您的脚呀。”

14. 陈独秀一向主张青年要自力更生，他的这种思想首先在自己儿子延年、乔年身上开始了试验。延年、乔年来到上海，不久就离开父亲陈独秀在外半工半读，过着十分拮据的生活。高君曼看着不忍心，好几次对陈独秀说：“还是让孩子回来住吧，怪可怜的。”陈独秀不耐烦地说：“让他们吃点苦，没有错。现在看起来是关心他们，其实是害了他们。社会这样险恶，从小不吃点苦，长大能干什么事？”

15.《新青年》创刊不久，青年人的信雪片般地飞到编辑部，陈独秀那时候是热情回答各类问题的。从中，陈独秀细致、严格、庄重的一面得以充分体现。他的回答不是三言两语草草回复，而是耐心答疑，而又将人引入深思。为了《新青年》，一向不服人的陈独秀，当接到一读者批评他改革社会的急躁心态的信件时，他立刻回信反省自己，说自己因为性格因素，再加“烈火焚居，及于眉睫”之时，说话不免“急不择语”。这样的自我批评在陈独秀的早年生涯中，是少有的。

16. 1919年下半年，陈独秀任北大文科学长，来往拜会的人非常多。有次，儿子延年、乔年来看他。不过，他们没被允许直接进到家里，而是像来拜会的其他人一样，也各自准备了一张名片，上书“拜访陈独秀先生”，下署名号后，方得以进屋。这事一时传为美谈，国人认为陈独秀真是民主到了“家”。

17. 1932年10月，陈独秀、彭述之等共产党员于上海被捕，被用夜车押解到南京首都卫戍司令部讯办。命运未卜，彭述之等忧心忡忡。可是，车开出上海不一会儿，陈独秀竟然酣然入睡，鼾声连连，像是到一个地方去旅行的游客。

18. 陈独秀最终被关在南京老虎桥45号江苏第一监狱的一间单人牢房里。

陈独秀问典狱长："能否写信?"典狱长摇头。

"读书看报呢?"典狱长又摇头。典狱长说："上方有命令，不准给犯人转信。"

陈独秀发脾气说："这是什么黑暗社会，连封建社会、奴隶社会也不如。"

中午陈独秀没有吃饭，狱卒来劝他，他说："不让我通信，我饿死好了。"

晚上陈独秀又没有吃饭。

典狱长劝他说："你要想开些，这是规定，不是我能做得了主的。"

陈独秀头晕眼花，垂下眼皮，摇了摇头。

第二天一整天，陈独秀又没有吃饭，脸成菜色，蜷曲在床上，一动也不动。

典狱长慌了，和上面商量，只好同意陈独秀写信。

19. 胡适是陈独秀终身的好友，二人同为新文化运动的领袖，为20世纪的中国做出了莫大的贡献。但是二人除了并肩战斗之外，也经常争吵，很多次甚至是一见面就吵，吵架的程度在外人看来简直是两人就要决裂。一次在胡适家中，两人又吵上了，旁人不管如何劝阻均无效。胡适气得抓起帽子就往外奔。后来陈独秀被关押在南京，一次胡适路过南京因为事忙，而没去看望他，他很是生气。虽然后来接到胡适的来信解释当时很忙，陈独秀依然不满，对朋友说，要和胡适绝交。可是当胡适后来看望他时，二人又重归于好。

20. 在南京坐牢期间，有位程老先生是位酷爱训诂、音韵学的小学家，年初在《东方杂志》上看到陈独秀写的《荀子韵表及考释》，3 月份又看到《实庵字说》，慕名而来。一回生，二回熟，程老先生就成了陈独秀特殊的客人。头几次谈话，程老先生表示赞成陈独秀的意见。不过有一天两人谈到“父”字时，争了起来。陈独秀说：“父画一个人，以手执杖，指挥家人行事。”程老先生说：“先生错了，‘父’是一盆火，教人炊饭。”陈独秀听了不高兴，因为他考虑到氏族社会父权大，以此可论证社会发展史的一个阶段，程老先生反驳他，等于推倒了他的学说根基。程老先生说陈独秀“不通”，陈独秀则回敬其“浅薄”。二人顿时大吵起来。直到旁人劝解，陈独秀才换了语气说：“是我不好，太认真。”程老先生见陈独秀讲和，也转怒为喜。

21. 七七事变后，周恩来与蒋介石在庐山就第二次国共合作举行了会谈，国防参议会参议员胡适也参加了庐山谈话会。陈仲凡找到胡适后，兴冲冲来告诉陈独秀，说：“我和胡适、张伯岑找了政府，他们同意保释，但要你写悔过书。”陈独秀生气地说：“我要是写悔过书早就出来了。我宁愿炸死狱中，实无过可悔!”陈仲凡劝陈独秀说：“现在写悔过书，只是个形式，给政府一个台阶，和过去写不一样。”陈独秀摇头，说：“附有任何条件，皆非所愿。”

22. 陈独秀被监狱提前释放。一天，国民党要员朱家骅来见陈独秀，说：“中正很关心你，我向他建议，由你再组织一个共产党，参加国民参政会，给你们 10 万元经费和 5 个名额，你看如何?”陈独秀说：“以前我主张开国民大会，主张参加国民参政会，是从独立的共产党出发，现在叫我再成立一个共产党，在别人缝隙中过日子，那完全成了装点门面。”朱家骅见陈独秀话很硬，坐了一会儿就走了。

23. 晚年的陈独秀居于江津，穷困潦倒，靠微薄的稿费和朋友们接济过日子。但他从不接受国民党方面的捐助，比如蒋介石的捐助就被他拒绝。甚至，他晚年以大量的精力撰述的文字训蒙专著《小学识字教本》，出版前稿件送审，教育部长陈立夫认为书名不妥，要陈独秀改书名，陈独秀也坚决不同意，并说“一字不能动”，同时，把预支的 8000 元稿费也退回去了。最后直至 1942 年陈独秀因病谢世，《小学识字教本》仍未出版，成了他晚年未了的一大憾事。

24. 1942年5月，因为贫困，陈独秀的病已经拖得很严重。此时的陈独秀面对疾病，已经与普通底层老百姓没什么两样，病急乱投医。妻子潘兰珍听说喝蚕豆花泡的水，可以治高血压，告之陈独秀。陈独秀说："是吗？你去搞一点蚕豆花，我今天就开始喝。"5月10日上午，陈独秀喝了一杯蚕豆花泡的水。蚕豆花被雨浸后发酵生霉，但陈独秀没有在意。结果喝了带菌的水，中了毒，肚子胀痛得厉害，由此身体急剧衰弱。

25. 5月25日上午，陈独秀病情并没有好转，陈独秀知道自己不行了，遂交代后事。对前来看望的何之瑜说："我的书，由你送给北大。"对妻子潘兰珍说："你还年轻，找一个工作做，莫拿我卖钱。遇到合适的，再找一个人，今后一切自主，生活务自立。"儿子陈松年进来后，陈独秀平静地说："以后回家，把我的棺木和祖母的棺木都带回去。"

1942年5月27日，农历四月十三日，星期三，陈独秀逝世。

第三辑　陈独秀大事记

陈独秀与胡适

位于故宫东北角的沙滩北京大学红楼，是五四运动的思想策源地。现今的沙滩北大红楼已经成为爱国主义教育基地。不知何时，在它东边的五四大街和东皇城根北街的交接地方竖起了一块纪念新文化运动的金属雕塑，遗憾的是上面雕刻的五四领袖人物却没有陈独秀和胡适。

陈独秀和胡适是新文化运动的发起者和领导者。新文化运动是自先秦以来，中国思想文化的真正大变革，它深深影响了此后中国的发展路径。而其中，二人延续一生的传奇友谊，更是中国文化史上的一大奇观。了解他们二人的传奇友谊，了解他们相知、相识、共事，而后又分道扬镳，最终却又走向合一的故事，我们对 20 世纪上半叶中国走向的轨迹，乃至当下中国的现状，都会有更深刻的认识。

1915 年 9 月，从日本回来的陈独秀，在上海创办了《新青年》杂志，他的刊物具有强烈的启蒙精神，意在通过刊物对旧思想、旧道德、旧文化、旧文学的批判，而对两千多年以来思想文化和国人精神都呈固化的国族带来新的破题。新文化运动也就至此而始。

此时的胡适还在美国留学，正在和众多同学论争白话入诗的问题。同学中明确支持胡适的只有陈衡哲，胡适整日处于同学们的善意嘲笑中。但无疑，胡适的此举与陈独秀正在做的事情都在一个方向上，那就是尝试对中国的旧文化、旧文学进行改造。

早前，陈独秀在日本帮助章士钊编辑《甲寅》期间，就知道一个叫胡适的留美学生给刊物投过稿，稿件还颇有见地。如今自己的《新青年》正需要好稿件，他不由得想起了胡适。老友也是同乡的汪孟邹和胡适非常熟悉，于是他找到汪孟邹，托他将自己创办的杂志寄送给胡适，同时向胡适约稿。

处于被质疑境地中的胡适，一开始并没有给陈独秀来稿，直到1916年二人直接通信好几次后，他在一封给陈独秀的信中才说出了自己心里关于改造中国旧文学的想法："今日欲为祖国造新文学，宜从输入西欧名著入手，使国中人士有所取法，有所观摩，然后乃有自己创造之新文学可言也。"这样的见解正合陈独秀意，遂催促胡适翻译了一些西方文学作品刊载于《新青年》。同时，陈独秀在信中也谈了自己对中国旧文学的看法，他认为旧文学最缺乏的是写实，所以应该提倡写实主义的文学。胡适也非常赞同他的看法，在回信中具体提出了自己的思考结果，他认为新的文学需要

“一不用典。二不用陈套话。三不讲对仗。四不避俗字俗语。五须讲求文法。六不作无病之呻吟。七不摹仿古人。八须言之有物”。正愁改造旧文学无可行操作原则的陈独秀见信大喜，立刻去了一信，将自己的欣喜以及疑问一起告之胡适，并催促胡适尽快将之形成为文。

在陈独秀的大力鼓励和信任下，1917年1月，胡适的思路也进一步打开，不久《文学改良刍议》寄到了上海。这次胡适经过深思熟虑，将原先的八项主张调整为了：“一须言之有物。二不摹仿古人。三须讲求文法。四不作无病之呻吟。五务去烂调套语。六不用典。七不讲对仗。八不避俗字俗语。”陈独秀对胡适的思路有了完全清晰的理解，非常赞同胡适的主张，立刻在《新青年》刊载出来。并且，他在胡适文章的基础上大胆提出了“文学革命”的主张。此时的陈独秀看到了新文学的新生命乃至未来，他在《文学革命论》中大胆地高呼：“今日庄严灿烂之欧洲，何自而来乎？曰，革命之赐也。……故自文艺复兴以来，政治界有革命，宗教界亦有革命，伦理道德亦有革命，文学艺术亦莫不有革命，莫不因革命而新兴而进化。”中国“文学革命之气运，酝酿已非一日，其首举义旗之急先锋，则为吾友胡适。余甘冒全国学究之敌，高张‘文学革命军’大旗，以为吾友之声援”。文学革命以出乎他们意料的态势，在社会上蔓延开来，二人的文章在社会上引起了极大的轰动。

自此，两个人虽然远隔万里，心灵上的跳动却完全一致。

不过，此时远在海外的胡适，对自己文章引起的轰动，心里却有点打鼓，他不知道这样的结果会不会对自己造成什么不好的影响。因为，关于白话入诗就使自己在留美的同学中深陷孤立。要知道，同学们可都是正受着西方开放教育的青年啊，他们尚且如此怀疑和反对，乃至嘲笑，那国内传统保守的国人对他的态度，更是可想而知了。在这关键时刻，陈独秀以果敢的勇气给予了胡适极大的支持，充分体现了一个思想界领袖的气魄。他告诉胡适，就是因为传统的坚实，所以更不要害怕阻力，推动中国文学的改革，必须以毅然决然的心态去干，否则将会一事无成。多年后，胡适回忆起陈独秀的鼓励，他不得不承认，正是陈独秀的这种冲决一切的勇猛态度和作风，给了他投身文学革命的勇气。二人的频繁来信交流，也使得文学革命问题的讨论一步步向深处发展，彼此从对方那里吸取灵感和支持。正是二人这样的携手、互助，才造成了以后如火如荼的新文化运动。

1916 年年底，《新青年》杂志的发展态势非常好，陈独秀决定从上海到北京再招募一些股本，想将杂志规模扩大。不想遇到老友沈尹默和汤尔和，他们二人都在北大任教。此时的北大正在蔡元培的锐意革新下呈现欣欣气象，但师资力量却仍然缺乏，二人乃向蔡元培力荐陈独秀。陈独秀和蔡元培也是旧相识，以前还是革命同志。在蔡元培的诚意邀请下，他答应到北大任文科学长。不过陈独秀对蔡元培承诺的是暂任，是有着试用期的暂时任职。之所以如此，一是怕自己干得不好，二是他在心底认为胡适正是这一职位的最佳人选。且他一开始就向蔡元培推荐了胡适，说胡适比自己更能胜任。由此可见，虽然直到此时二人仍未见面，但陈独秀已经对胡适非常地信任和欣赏。远在美国的胡适得知此消息，仅仅博士答辩结束，没等博士学位证书最终发放就启程回国了。

胡适的到来，让陈独秀欣喜异常。二人终于见面了。陈独秀望着小自己 12 岁的胡适英姿勃发，心里对发起新的文化运动立时有了更坚定的信心。胡适在陈独秀的推荐下，任职北大教授。同时，加入《新青年》杂志的编辑工作，立刻从原来的一个外围人员成为杂志的重要成员。由此，他们开始了对旧文化、旧道德、旧文学、旧伦理的全面扫荡，新文化运动以更迅猛的态势席卷神州大地。在他们的周围很快团结了一批知识分子，如钱玄同、刘半农、沈尹默、周作人、周树人等等。一个向旧世界开火的团队诞生了。旧的文化阵营在他们的火力“炮轰”下，几度来回，很快就败下阵来。他们更是直接帮助青年，传授他们新的知识和理念，协助创办宣传新文化的刊物，等等。短短几年内，他们宣扬的新的文化、新的价值观等影响了国内大批知识分子，更是熏陶了一批批成长中的青年。《新青年》已经成为文化运动的策源地和思想界知识分子及青年学生向往的中心。

直到1919年，二人的关系大体上表现为陈独秀对胡适的赏识、提携，也可以说是陈独秀竭力推出了胡适这颗闪亮之星。

随着《新青年》对旧文化的批驳、新的东西的宣扬，国人尤其是青年学生和部分知识分子感到，就文化谈文化，而社会没有其他相应的改变，文化的更新将会是一件很难兑现的事情。思想启蒙后的人们，自然将视野转向了政治领域。此时的《新青年》团队，也面临这样的选择，是坚持只谈文化，还是应该议论时政。本来，在《新青年》调整编辑部时，陈独秀与胡适曾有“20年不谈政治”的约定。可是，目睹国内情势，陈独秀看到了介入政治评论的必要性。二人就此发生了分歧，胡适当然是要陈独秀记得当初的约定，不要涉足政治。而陈独秀告诉胡适，目下的情势，即使我们不谈政治，实质上却无时无刻不处于政治的搅扰中，谈政治是个无论如何也避不开的问题。二人发生分歧的结果是，创立《每周评论》杂志，以政治评论、政治改革等为主要内容。

此后的陈独秀发表了大量的关于政治领域的文章。除了一如既往地批判封建专制和反对帝国主义对中国的侵略之外，他还写了一些与苏俄十月革命相关的社会主义运动的文章。这些文章在胡适看来，早已经有介入直接的社会运动的因素。他认为老友陈独秀已经走在了一条危险的道路上，这不但将给陈独秀个人带来麻烦，也会给他们创办的刊物带来威胁。所以，他多次坦诚向陈独秀说出了自己的看法，希望老友能回归到知识分子身份，回归文化领域的工作，而不要涉及政治领域。

此时，陈独秀一手促成的新文化运动，自是引起了守旧派不少人的反对、嫉恨。加上陈独秀那火暴刚烈、不拘小节的性格，就是在北大的教师内部，也渐渐对他有了嫌隙。就在这时，一则关于陈独秀狎妓抓伤妓女下体的消息传了开来。深深了解陈独秀性格的胡适一看就知道这是谣言，因为，他知道像陈独秀这般性格的人，敌人只有从私事上这样不大不小而又能造成绝对杀伤力的方面入手，让陈独秀不屑质辩、无力质辩，陷入谣言的纠缠中慢慢磨蚀他的精气神。可是，最终，尽管胡适向同事们表示了自己的怀疑，但处于风口浪尖的北大和蔡元培，最终还是无奈地以委婉的方式解除了陈独秀的职务。胡适对于陈独秀的被解除职务，一直耿耿于怀，对蔡元培的无奈和被利用感到十分惋惜。

种种原因，二人观念的分歧随着时间的流逝越益加大。

五四运动爆发了。实质已脱离北大的陈独秀自是高兴万分，他表明了支持学生的立场，并立刻将这一消息分享给了远在上海陪杜威做巡讲的胡适。胡适对学生参与新文化运动当然持支持态度，但对“五四”中的罢课，乃至纵火等行为，则非常反对。尤其是当天运动的领导者傅斯年、罗家伦等都是自己平时十分喜爱的学生，他们竟然做出了这样的举动，他十分生气。事后他将傅斯年、罗家伦叫来训斥了一顿。当然，此时的胡适对陈独秀的涉入政治太深，更是忧虑。

二人虽同为新文化运动的领袖，此时，二人也许是因为知识背景，乃至性格气质的原因，对同一件事情产生了很大的认知差异。二人的分歧一步步加大。胡适深受导师杜威的实验主义影响，认为社会的变革必将是一点一滴地渐进变化，不可能有一个暴风骤雨似的根本解决办法。由此，他大力在刊物上介绍杜威的实验主义，宣扬自己关于社会改造的看法。“五四”之后的陈独秀，受学生运动的影响或者启发，看到了直接行动的希望，既然学生们能够通过启蒙鼓动起来参与社会行动，那么，鼓动市民们起来介入政治改变国势又何尝不可呢？于是，1919年6月11日，他来到了北京崇文门外的新世界向市民散发了自己的《北京市民宣言》，号召大家起来介入政治，就政治问题发出自己的声音乃至行动起来。陈独秀当场被逮捕。

作为新文化运动的领袖，陈独秀的被捕立刻引起了整个社会的关注。老友胡适虽然不赞同陈独秀的做法，但对政府当局的如此举措十分不满，他立刻投入到了对陈独秀的营救活动中。陈独秀后来在多方的努力下被释放。二人老友关系如初，但思想领域的分歧进一步加大。二人甚至有时见面就争吵起来。一向温和的胡适在争吵中的激烈情绪更甚，甚至出现过几次拂袖而去的情形。

1920 年，陈独秀南下来到上海，商谈建立中国共产党组织等事宜。此时的《新青年》已经开始面向广大工人群众宣传社会主义。胡适宣扬的杜威的实验主义逐渐在刊物少了版面，乃至慢慢失去声音。陈独秀越益走向政治，胡适对之惋惜不已，二人的分歧日渐加大。但陈独秀还是希望胡适能经常给刊物撰写文章，多次去信索稿、谈自己对刊物转向的理念和看法等。胡适碍于情面，除了写过少数几篇无关痛痒的诗文外，与《新青年》渐渐分离。在北京的《新青年》原来的一群同人，在胡适的影响下，也不同意陈独秀的办刊方针。这让陈独秀对胡适非常不满，认为胡适有些故意与他为难，性格耿介的他竟然在给一朋友的去信中说要与胡适绝交，同时，他与北京的不少朋友也渐渐断了联系。后来，《新青年》逐渐变成了中国共产党的机关报，他与胡适至此，在观念上，完全处于对立状态。当然，虽然陈独秀申言要与胡适绝交，但二人仍有往来。

没过多久，胡适跟着陈独秀“下水”。1922 年胡适创办了《努力周刊》，开始介入政治。不过，他的政治主张与陈独秀完全不同。他寄希望于北洋政府当局，认为行“好人政治”，进行联省自治，可以得到好的效果。此时，陈独秀对胡适的这些主张非常不赞成，认为胡适对政治的看法十分不成熟，太一厢情愿，遂对之进行了批评。二人的“干仗”情形，在见面时，也互不遮掩。你说你的马克思、社会主义如何如何，我说我的实验主义如何如何，只是彼此都处于一种自说自话的状态，谁也说服不了谁，多以不欢而散去。

没过多久，陈独秀在上海被捕，这是陈独秀一生中的第二次被捕。胡适再次加入了营救陈独秀的行列。陈独秀这次是在法租界被捕的，也许是对外国侵略者的愤恨，也许是对老友的殷切关心，温和的胡适为了言论自由，竟然少有地骂起了人，直斥法国租界当局“不要脸”。陈独秀在多方营救下，很快出狱。

此后的很长时间里，二人的直接联系渐次减少，彼此专注于自己的事情。之前的分歧一如既往。陈独秀领导中国共产党进行了多方革命的探索，胡适依然为着自己的宪政梦想与国民党当局进行抗争。二人彼此都经历了各自生涯中的波澜起伏。1927年之后，陈独秀自是成为国民党当局通缉的对象，处于隐居潜伏的状态；胡适对时政的批评和主张也让他成了国民党当局的眼中钉，亦因其政治主张不符合时下青年日益高涨的革命要求，失去了青年眼中文化领袖的光环。

陈独秀终因叛徒的出卖，于1932年被国民党当局捕获。胡适一如既往，开始了对陈独秀的营救、说情事宜：给当时要人去信，申明陈独秀作为文化领袖对国人的影响力；同时，在媒体上呼吁对陈独秀进行公开审判，以免国民党当局于军事法庭秘密处置陈独秀。

陈独秀对胡适的帮助感怀在心。此时的陈独秀，已经经历过政治的洗礼，一方面坦然面对即将到来的审判；一方面确实觉得自己不适合搞政治运动，而更适合于在文化领域做一些事情。当然不可避免的是，毕竟作为中国文化领域、政治领域里的风流人物，身陷囹圄的他，也有孤独之感。胡适一次路过南京因为行色匆匆而未来得及去监狱看望他，陈独秀因此而暴怒。这怒气里，表面自是针对胡适，但多是对自己孤独的愤懑，更多的则是对胡适这一老朋友的深深珍惜。二人的嫌隙很快冰释，情谊回归温暖，虽然不是能经常见面，但彼此的信任回来了，时光似乎又回到了1919年以前。

七七事变后，日寇步步进逼南京。老友们都为陈独秀的安危担心，纷纷为他的早日出狱行动。胡适这一次依然四处为陈独秀奔波。这一次，一向气质高昂伟丈夫形象的陈独秀，流露了内心的感激和柔情，他诚挚地对胡适说："适之，我每次吃官司，都给你添麻烦……"

陈独秀出狱后，不再加入任何政治团队或者组织，生活上仅靠自己的少量稿费和他人有限的捐助维持。而胡适则为了抗日远赴美国担任驻美大使，他仍然多次为了陈独秀的生计支着献策。国家处于危难关头，二人联系时断时续，但情谊依旧。

晚年的陈独秀，回顾自己的一生，发表了不少极具思想性的文章。此时的陈独秀俨然回归到了新文化运动时期，这颗睿智的头脑，又一次向祖国深情深刻地发出了自己的呐喊。后来的胡适读到陈独秀的这些文章，深为他的洞见感动。

他们这两位挚友，彼此屡经周折，但最终都依然行进在新文化运动的道路上。

南京受审

由于叛徒的出卖，陈独秀1932年10月于上海被国民党捕获，随即被解往南京。能抓到“共匪”首领，让国民党当局惊喜万分。国民党先是劝诱陈独秀，未成，乃决定审判陈独秀。作为曾经新文化运动的领袖，陈独秀的名气实在太大，就是国民党内都有不少同情、欣赏他的人。蒋介石经过考虑，为在社会上给政府立一个公平公正的形象，决定将陈独秀由军事法庭移交地方法院公开审判。

与此同时，陈独秀在狱中，认真研读了孙中山的三民主义和国民党的党义和相关法律，准备于法庭上从容应对。

1933年3月底，法院以“危害民国罪”正式对陈独秀提起了公诉。起诉书上说：

> 中国共产党首领陈独秀等，上年十月间被上海公安局捕获，解送南京军政部军法司。嗣称由司法行政部交江苏高等法院审理，经检察官监察结果，提起公文摘比照录起诉书原文如左：

……被告陈独秀，系安徽怀宁人。初在日本东京大学读书。查被告为中国共产党左派反对派中央党务委员首席（以下简称反对派），是为一党之主脑。其个人行动及发表之反动文件，应负责任，固无论矣，即以中央反对派名义刊行之反动传单宣言书，及其指挥之行动，亦应由其完全负责。……

一面借口外交，竭力宣传共产主义，一面对于国民党政府冷嘲热讽，肆意攻击，综其要旨，则谓国民党政府威信扫地，不能领导群众，应由其领导农工及无产阶级等，以武装暴动，组织农工军，设立苏维埃政权，推翻国民政府，由无产阶级专政。并欲打倒资本家，没收土地，分配贫农。其言词背谬，显欲破坏中国经济组织，政治组织……竟目三民主义为反动主义，并主张第三次革命，坚决扫荡国民党政府，以革命民众政权，代替国民党政权，其意在危害民国，已昭然若揭。惟查共产党进行之程序，原有组织团体，宣传主义，武装暴动，设立苏维埃政权等各阶段。查核被告所为，仅只共产主义之宣传，尚未达到暴动程序。然危害民国为目的，集会组织团体，并以文字为叛国宣传，则证凭确实，自应令其负责。

消息传开，诸多律师纷纷自荐愿意给陈独秀做免费的辩护律师。陈独秀自信能在法庭上开脱罪责，觉得不用请辩护律师，直到老友章士钊前来愿做辩护律师，他才碍于老友情面，决定让章作为自己的辩护律师。

审判的日子终于到来。1933 年 4 月 14 日，南京江宁地方法院，对陈独秀的审判正式开始。

开庭后，先是千篇一律的问姓名、籍贯等程序性的问话。在这问话的过程中，与审判长的刻板和谨慎形成鲜明对比的是，陈独秀虽鬓发灰白，但精气神饱满，用他那淡定的眼神环视着审判长和前来旁听的人们，仿佛将这里当作他当年慷慨激昂宣讲的大学讲台。

审判长问道："陈独秀，你们为何要打倒国民党?"

这是陈独秀早就准备好答案的问题，他似乎早被前面无聊冗长的问题憋得受不了了，于是就此问题开始了自己的激昂回答：

"这是事实，我不否认。至于理由，可以分三点，简单说明之：（一）现在国民党政治是刺刀政治，人民既无发言权，即党员恐亦无发言权，不合民主政治原则；（二）中国人已穷至极点，军阀官僚只知集中金钱，存放于帝国主义银行，人民则苦到无饭吃，此为高丽亡国时的现象；（三）全国人民主张抗日，政府则步步退让。十九路军在上海抵抗，政府不接济。至所谓长期抵抗，只是'长期抵抗'四个字，始终还是不抵抗。根据以上三点，人民即有反抗此违背民主主义与无民权实质政府之义务。”

陈独秀的一番陈词，令审判长悻悻然。

这是陈独秀在江宁地方法院第一天与审判长的对峙。

4 月 15 日的审判，因为审判长借一些指控证据还未到，要延期审判而草草结束。

4 月 20 日，审判继续。

这天从各地赶来旁听的人几乎挤爆了法院，没有领到旁听证的人，将法院门前堵了个严严实实。

审判长见此情形，一开庭即宣告：因本案涉事庞杂，故延至今日继续审理，希望各界莅庭人士谨守法庭秩序，莫有夸张之言行。

在走完了程序性的东西之后，检察官开始了控告阐述：

“本案被告陈独秀……民国九年加入共产党，十一年任秘书职，十六年清共，共党失败，因他工作无成绩，致被开除总秘书长职，十八年因倾向托洛茨基，被开除党籍。……查被告之被开除，是被斯大林派开除，并非完全脱离共产党。……被告负有两个责任：（一）组织左派反对派，他是主脑，所以无论宣传命令，他都要负责，被告个人之言论著述，当然亦要负责。（二）宣传部分，他们有一个系统，向一个目标进行，著作很多，被告当然亦要负责。……以上之内容，均利用外交，攻击国民政府，使国府威信堕地，不能领导群众，应由其领导农工及无产阶级，与以武装暴动组织农工军，促立苏维埃政权，推翻国民政府，由无产阶级专政，并欲打倒资本家，没收土地，分配贫农，破坏政治及经济组织，故为危害民国，毫无疑义。综纳被告之主张，共有四阶段：（一）组织团队；（二）宣传；（三）武装暴动；（四）无产阶级专政。但是被告之行为，在第二阶段中至第三阶段，现在还办不到。综合所述，被告实犯危害民国紧急治罪法第六条及第二条及第二款。”

检察官阐述毕，审判长问陈独秀：“你是否还有抗辩？”

控方的指控都在陈独秀的意料之中，这些指控在他看来都是胡说，他当然要抗辩。他取出了在狱中撰写好的辩诉状，又开始了他的“讲坛”。

他先历数数代中国人的努力奋斗都旨在使国富民强，但如今国民党政府，对内凶残，连年混战，对外却软弱无力，采取不抵抗政策，实在有违华族精神。国民党利用强权剥夺了他们五四时期挣来的人民权利，用刺刀来威胁灭杀人民的言论自由，将辛亥先贤建立起来的共和国变成了国民党的“党国”。要说危害民国最大者，即国民党也！而反对国民党，推翻国民党政府才是真的爱中华民国。

在进行了以上淋漓尽致的抗辩后，他最后将矛头直指指控自己的“危害民国罪”。

他说：“若谓反对政府即为危害民国，此种逻辑难免为世人耻笑。孙中山、黄兴曾反对满清和袁世凯，而后者曾斥孙、黄为国贼，岂笃论乎？故认为反对政府即为叛国，则孙、黄已二次叛国矣，此荒谬绝伦也！”

陈独秀的条分缕析字字在理，句句合情，驳斥了国民党将中华民国与自身混而为一的无耻，众人不由为之叫好。

审判长顿时陷入尴尬，无言以对。陈独秀则置之不理，依然慷慨陈词。审判长虽然如坐针毡，但也只得假装姿态，摆出听辩之态。

接下来是辩护律师的辩护。章士钊先是说明陈独秀的所作所为只限于思想和言论的范畴，而没有涉及“行为”，根本不触犯紧急治罪法。继而他重申了陈独秀辩诉里的国家和政府的阐述：“国家与主持国家之机关（即政府）或人物，既截然不同范畴，因而攻击机关或人物之言论，遽断为危及国家，于逻辑无取，即于法理不当。”最后，章士钊为了替陈独秀推脱，辩护的时候采取了一些策略，比如说陈独秀脱离共产党，使共产党少了一股力量，恰恰从一定程度上帮了国民党的忙。

虽知道是好友的好意，但这最后的策略性辩护引起了陈独秀的强烈不满，他不愿意因此而亵渎自己的信仰，他待律师辩护完毕立刻起身表示，说章士钊的辩护是他的个人意见，不能代表自己的意见，辩护的根据应以自己的为准。

这一下，法官和旁听的人都惊呆了。

陈独秀的气节和人格彻底征服了所有的人，包括为朋友煞费苦心而现在却付之东流的章士钊。

这一次公审本来是国民政府一场胜利的大审判，却不料成了陈独秀的宣讲台，成了他一生人格魅力展示的最高峰。

又经过几天的审理，16 日法院以“叛国罪”宣告判处陈独秀有期徒刑 13 年，剥夺公民权利 15 年。

陈独秀听完马上站起来气愤地说：“本人乃叛国民党，并非叛国，以此不公之裁判强加于人，吾等定会上诉，以明是非。”遂提起上诉。

1934 年 7 月，最高院以“以文字为叛国之宣传”判处陈独秀有期徒刑 8 年。这是最终的判决。

第四辑　陈独秀小传

倔强的孩子

光绪五年，即 1879 年，陈独秀于安庆出生。安徽安庆位于长江边，是一个美丽的城市。他的家庭如果往前追溯，算得上是一个名门望族。不过到了陈独秀出生时，家境已经大不如前，完全是一个小户人家了。他是这个家庭的第四个孩子，前有大哥和两个姐姐。

他的父亲陈衍中，在科举路途上，中了秀才后，就再也没能进一步，终身未能中举，这是他一辈子的遗憾。他曾经做过短期的小官，后来主要以做私塾教师为业。他所能获得的报酬，仅能维持家庭最基本的需求。在陈独秀 3 岁那一年，父亲客死他乡。父亲做官或者教书，常年都在外地，过世又早，后来陈独秀的《实庵自传》对父亲也提及很少，由此可见，父亲对陈独秀的影响非常的小。

母亲查氏是一个很能干的女性，性格率直豪爽，经常接济贫弱，她经常教育子女，“不要看不起穷人，不许骂叫化子”。但身为那个时代的女性，加上丈夫的早逝，当面对一些明显不合理的事情时，她也只能忍气吞声，不敢明确地表达自己的反感或反对。她对陈独秀的期望，就是他能考上举人，光宗耀祖，既能弥补陈独秀父亲的遗憾，也能入仕升官发财，来改善家境。

陈独秀的叔父陈衍庶考中了举人，此后，仕途非常地顺利，屡获升迁。到了清朝末年，他觉察到了时局的混乱，隐约感到了清朝的难以为继，就离开官场，做起了生意。他的生意做得也不错，不几年就在全国好几个地方有了自己的商铺。唯一不如意的是，他娶了好几房太太，都没能生下一个孩子。他看到陈独秀从小聪颖，经过商量，将陈独秀收为了继子。从后来陈独秀的文字记录来看，他应该与继父的关系不甚融洽，这与他后来参加革命导致家庭被抄有直接关系，因为自那后，继父家境急转直下。

陈独秀 6 岁开始跟祖父学习四书五经。祖父教学非常严厉。入学之后，陈独秀显示出了过人的聪颖，祖父对他的要求比别人高，管教相较他人也严格了很多。每当背不出经书时，就异常严厉地批评他，甚至还用竹板狠狠地抽打他。可是，此时陈独秀的表现大出祖父意料之外，不但不哭不求饶，反而越打越倔强，哼都不哼一声。后来，祖父实在没有了招数，干脆放弃了体罚，多次对乡邻们感叹道："这个小东西，将来长大成人，必定是一个杀人不眨眼的凶恶强盗，真是家门不幸!"

倔强的小独秀在外人面前总是一副坚强不屈的形象，只有在慈爱的母亲面前才流露自己的情感。比如受到爷爷的责罚后，每当母亲关怀地问起，他就会委屈地掉下眼泪。母亲也忍不住伤心，说，爷爷打你还不哭呢，现在怎么就哭了呢？

到了陈独秀十二三岁的时候，已经是府学廪贡生的大哥做了他的老师。大哥对他的个性非常了解，知道他对那些八股文章不感兴趣，所以，不像祖父那样硬逼着陈独秀学进晋科场的八股文章，但是，如果不学这些，又如何能出人头地，如何完成母亲的愿望呢？这使大哥颇为难。所以，往往是到了考试的关口，才提醒陈独秀该温习温习八股文章了。

参加科举

对科举一向毫无兴趣的陈独秀，不愿意伤害母亲的慈怀，为了母亲的期盼，啃起了他心底厌恶的八股文章。

那时，要想成为秀才，要先参加本县的县考，考试合格后再参加府考，府考合格，才能参加以府为单位的院考。院考过关，才能正式成为秀才。对于聪明的陈独秀来说，县考、府考是相当容易的事情，虽然名次不高，但这两关他都顺利地通过了。这更加激起了母亲对他的厚望，也使得陈独秀为了母亲而硬起头皮，继续考了下去。

光绪二十二年（1896 年），陈独秀参加了院试。

考卷发下来后，大多数考生一下傻了眼。原来，考题是“鱼鳖不可胜食也材木”。这是科举考试里面的截搭题，截搭题即从四书五经里随意抽出两句，将上下不相干的词句凑在一起作为题目。这个题目根本就让人看不懂是什么意思，如何作文呢?

其他学生都抓头挠耳，无从下手。陈独秀自然也无法明白这本就不通的题目，他心想，这狗屁题日真是荒唐，题目既然不通，干脆就以不通来应付好了。这时，他平时看的闲书派上用场了。他把《昭明文选》中所有鸟兽草木的难字和《康熙字典》中的古文拼凑到一起，也不管它意思通不通，不管三七二十一地“填满了一篇皇皇大文”。

陈独秀第一个交上了试卷，正打算离开考场，这时监考老师翻了翻他的考卷，叫住了他。陈独秀以为自己出了什么纰漏，不料，监考老师竟然以一副赞赏的口吻问他是哪里人、多少岁。陈独秀也不知详情，据实回答后就离开了考场。

出了考场，陈独秀心里轻松了很多，不是因为刚才监考老师赞赏的口吻，而是觉得自己已经按照家里的意思，走完了该走的程序，算是完成自己的使命了。

回到家里，哥哥庆元问起考试的情况，陈独秀如实回答。哥哥听罢不由得暗叫不好，这样的胡乱凑满不通文字的文章怎么能考中呢？

没想到，到了放榜那日，消息传来，说陈独秀中了秀才，还是以第一名的成绩考中的！这实在太出人意料了。哥哥衷心为陈独秀高兴，母亲查氏更是高兴得手足无措，搂住陈独秀几欲掉泪。陈独秀也根本没想到是这个结果，见母亲如此高兴，他就笑嘻嘻地说，我就说嘛，一定会考中的。实际上，他内心对如此考试的鄙薄更加深了一层。不通的题目，不通的文章，竟然让自己考中了秀才！真是荒谬的科举考试啊。

可不管陈独秀对自己高中秀才如何的不在意，做了秀才在本地带来的连锁事件却按传统中国社会的节奏和程序展开了。

亲朋好友纷纷上门祝贺，就连一向少有往来的人们也来叙旧攀亲攀情，直夸 17 岁的陈独秀是如何如何的聪明，以后会是如何如何地顺遂富有，等等。

更使陈独秀意外的是，不少有钱有权的人家，竟然纷纷上门来提亲，意欲使他成为自己的东床快婿。这天，又来了一位媒婆，原来是一位高姓官家差请来说媒的。母亲查氏与媒婆仔细交谈，决定前往高家。

高家出身于武行，因军功而做了官。此次说媒，是打算将大女儿高晓岚许配给陈独秀。

陈独秀与高晓岚见了面。高晓岚比陈独秀大三岁，正合民间“女大三，抱金砖”之说，且人长得也眉清目秀，母亲查氏甚是满意。陈独秀对高晓岚并无特别的感觉，加上少年心性，心里满是无所谓的态度。当母亲查氏问他对高晓岚有什么看法时，陈独秀笑嘻嘻地说，没有看法。母亲说，没有看法那就是同意了。陈独秀见母亲对这桩婚事满意，也就不再多说，顺遂了母亲的心愿。

秀才只是离真正的仕途近了一步，要想以后能做官发财，考中举人是必须的。年轻的陈独秀又只得在当时社会既定的规则程序里走了下去。1897 年 8 月，陈独秀随大哥庆元一起前往南京参加了江南的乡试。

那时参加乡试，需要带一大堆东西，比如考篮、书籍、文具、烧饭用的锅炉和油布，等等。他和哥哥等人顺江而下，不日来到南京，找到一家便宜的旅社住下，等待考期的到来。

这些赴考的士子，来自各地，多数是第一次来到南京这样的繁华城市。城里的灯红酒绿立刻使他们开了眼界，其中不少人如脱了笼头的野马，开始了赌博狎妓的勾当，全失一副读书人的模样。陈独秀看在眼里，心里满是鄙夷，这就是所谓的秀才！

终于等到乡试正式开始。

陈独秀和哥哥等人搬进了脏乱的考棚里。那时的考棚是每人一个小格子间，在整个考期里，士子们的考试答题、吃喝拉撒全在格子间里完成。陈独秀他们住进的格子间，是靠城墙隔出的一间一间小棚屋。

时值夏天，酷热无比。在这三场历时九天的考试里，陈独秀可谓大开眼界。先是每到做饭时节，浓烟从城墙根升起，弥漫在每个考棚间，不时传来士子们狼狈的被烟熏的咳嗽声。当然，陈独秀也不例外。在家极少做饭的他，每次都手忙脚乱，而最终吃到的都是一碗半生不熟的面。

漫长的考期，烟火加上酷热，忧虑加上愚笃，士子们各自的情形更是千姿百态。

天气热得可怕，陈独秀面对考卷，热汗淋淋，不停地摇扇，心思怎么也集中不了。遂转出考棚，以希寻得一丝凉风，不料眼前的景象使他目瞪口呆：

一位从徐州来的大胖子，居然脱光了所有衣裤，赤身裸体在考棚间的窄巷里来回走动。只见他挺着圆鼓鼓的大白肚子，脚穿一双大破鞋，一手摇着扇子，一手托起考卷，摇头晃脑地大声地反复读着自己写下的文章，中间还不时停下，猛击自己的一处肥肉，驱赶叮咬的蚊子。每当他念到文章的自以为得意之处，又把自己的一处大肥肉猛拍一下，然后对自己竖起大拇指，大声叫道："好！今科必中！"完全沉浸在自己营造出来的氛围中。

陈独秀看到这一场景彻底怔住了，盯着这个怪物一样的大胖子，立时愣在一旁。关于这一事情，陈独秀后来在自传里说："这位'今科必中'的先生，使我看呆了一两个钟头。在这一两个钟头当中，我并非尽看他，乃是由他联想到所有考生的怪现状；由那些怪现状联想到这班动物得了志，国家和人民要如何遭殃……由此又联想到国家一切制度，恐怕都有如此这般的毛病。"

大胖子丑态带来的震惊，加上对科举一向的鄙视，此时的陈独秀再也没有心思答题了。接下来的日子，他一心盼着考期尽快结束，好使自己脱离这怪异恐怖的场所。

考试的结果是意料中的，陈独秀无缘举人。

但正是通过这一次乡试，使陈独秀坚定了远离仕途的决心。他后来在自传中说："这便是我由选学妖孽转变到康、梁派之最大动机。一两个钟头的冥想，决定了我个人往后十几年的行动。"

青年时期的革命活动

南京乡试虽然未遂母亲心愿，但却让陈独秀彻底地远离了科举考试。且在此期间，陈独秀还有意外收获，他结识了来自安徽绩溪的秀才汪希颜。因为汪希颜接触过新学，陈独秀从他这里了解到了四书五经里完全学不到的东西，比如西学、维新思想等。通过汪希颜，他还结识了其弟汪孟邹，后来与汪孟邹成为终身的好友。

也就从这时起，陈独秀的视野才开始打开，关于国家、民族的概念这时开始形成，初步知道了国族命运和个人、家庭幸福的关系。他如饥似渴地读着维新派人士康有为、梁启超等人要求变革维新的文章，大受启发，感觉自己的人生突然找到了新方向。

虽然此时家里不久即举办了他和高晓岚的婚礼，但新婚的新鲜并没有控制住他个人胸中实现抱负的热望。何况，他与高晓岚的结合一切都是那么的别扭。关于二人的不和谐，有这样一个故事，说有次陈独秀兴致勃勃地将自己一篇谈论国家大事的文章念给高晓岚听，哪知，高晓岚的反应却是：

“你说的我都不懂，也不想懂，我只要孝敬好父母，给你多生几个孩子就是了。”这使陈独秀顿感无趣至极。

高晓岚这样的回应无可厚非，因为她本身是一个传统的封建女性，做好孝敬父母、相夫教子，就算完成她的本分了。可是，此时的陈独秀刚接受新的启蒙，并正进行着自我启蒙，处于高昂的自我人生价值的追求中，这自然就使他对高晓岚极度失望。一个恪守封建传统，一个正致力于冲破旧的樊笼，所以，他们生活在一起，对双方无疑都是折磨。

新婚的热情没有维持多久，陈独秀对旧有规范、秩序的怀疑与突破引起了家人的注意和担忧。家人经过商量，决定叫他随嗣父到东北做事，以转移他的注意力，让他转到谋事赚钱的路子上来。

嗣父陈衍庶中过举，做过官，同时也很会做生意，自从陈独秀过继给他做儿子之后，他也一心想将家业交由陈独秀继承经营。这次带陈独秀前往东北，他真心希望陈独秀能接过他的家业。

可是，到了东北，陈独秀目睹了沙俄对东北人民的残暴，让他对国家羸弱受人欺压有了直接的切肤的感受，他的爱国心被进一步强烈激发起来。

1900 年，八国联军进占北京，国家形势如同国丧身亡。陈独秀对清廷的羸弱愤激到了极点。为什么祖国一再遭受重创，而没有办法摆脱如此局面？

当时，不少仁人志士都前往日本留学，因为日本是中国很好的一个参照。它承继发扬了中国文化，而面对西方物质和文化的冲击，却又转型得较为成功，短期内做到了与西方列强平起平坐。这是为什么？陈独秀无心于嗣父的家业，他于 1901 年赴日留学，开始了对国家富强道路的探索。

他来到日本，一边努力学习，一边加入了留日学生里的一些进步团队，比如加入了留日学生中最早的民主主义革命团体“青年会”，在此结识了黄兴、邹容、陈天华、章太炎等人。

当然，这些有志于推翻清廷的学生团体，自是引起了清廷的不满，于是，清廷就派专门的人员来监督这些留日学生。其中派来的有个姚姓学监尤其令大家反感，可大家又敢怒不敢言。于是，陈独秀、张继、邹容三人决定收拾收拾这个学监。一个漆黑的夜晚，三人摸进学监的卧室，一拥而上，由张继抱住腰，邹容硬搬住头，陈独秀则拿着剪刀，剪去了他的辫子。然后，三人立马退出，将剪下的辫子挂在学校大门口。同学们天亮见到学监的狼狈样，无不欢欣鼓舞。后来，陈独秀三人被开除学籍，只得回到国内。

这次的留日生涯尽管短暂，但陈独秀结识了一大群同心同德的朋友，也基本明确了国势颓弱与清廷的直接关系，推翻清廷成了陈独秀等青年学生的共识，这些青年团队的努力和探索，为以后的国家社会变革积攒了一定的力量。

此后，陈独秀在 20 世纪最初的 10 年间，几度往返日本和中国，思想从接受启蒙，到最后一步步倾向于暴力革命。这个历程，是以如下的顺序进行的：

陈独秀从日本回中国期间，先是在家乡组织了一群倾向进步的学生，搞起了类似于读书会性质的团队。他们经常聚集探讨国家大势，并上街向民众公开演说，旨在唤起民众的家国意识，投身到他们的救国队伍来。

此时的清廷，一方面有些微主动改革的意向，但一方面又虚弱到了经不起一丝风吹草动的地步，内心的惧怕，使得他们对这些进步团队采取了打压乃至消灭的做法。陈独秀他们在安徽的举动，很快被当局盯上，并对他们张开了拘捕的大爪。陈独秀只好逃到上海。

来到上海后的陈独秀，加入了朋友章士钊的《国民日日报》，正式开始了他的编辑生涯，大力宣传反对清廷的文章。此时的陈独秀为办报纸可谓全身心投入。当时的条件十分恶劣，他和章士钊常常穷得吃穿都有问题，但丝毫不影响他们办报的决心。他们吃住都在报社，累了就抵足而眠，醒来即开始工作。这样的工作进度使得他们连多久换洗一次衣物都忘记了，直到有一天，居然见到二人衣服上竟有白晃晃的小虫卵，仔细一看，是虱子！可他们依然不管，掸掸衣衫，继续工作。

《国民日日报》的革命宣传，在当时引起了不小的反响，但也引来了清廷的注意。很快，清廷采取种种手段，逼迫报社最终解散。

陈独秀丝毫没有因为此次办报经历而气馁。他想，革命要是能唤起广大普通老百姓的意识就好了。而如果要让普通老百姓明白国家、世界大势，办一份通俗易懂的报纸最合适不过了。于是，陈独秀再次回到安徽芜湖，与朋友共同创办了《安徽俗话报》。这份报纸不久之后，即行销到全国各地，在各地的白话报纸中，销量位居前列。只是这份报纸同样引起了清廷的不满，重蹈《国民日日报》覆辙，最终被迫停刊。

这几年中，办报纸唤醒民众意识，是陈独秀一直坚持的事业。还有就是，在促进社会的变革上，他在安徽成立过“安徽爱国会”、“岳王会”等革命组织，甚至还参与了一些“暗杀团”的行动。当时，这个暗杀组织有蔡元培、章士钊、吴樾等。其中，吴樾刺杀五大臣，阻挠破坏五大臣出洋考察，是他们最为突出的举动。

1905年，清廷眼见日俄战争中，日本战胜了俄国，认为立宪确实使日本强大了起来，于是也开始预备立宪。预备立宪的第一件事，是派载泽、绍英等五大臣到西欧五国考察宪政。可是，清廷多年对革命志士压迫与杀害，已使不少人对他们实行宪政的诚意产生了大大的不信任。陈独秀等“暗杀团”成员决定暗杀五大臣，彻底揭穿清廷的真面目，于是，制订了暗杀计划。据说，当时陈独秀（也有史料说是赵声）与吴樾为争着去执行这一任务，吵得差点打了起来。最后，吴樾问："暗杀几个人与缔造一个新国家，哪个容易。"陈独秀答："当然暗杀几个人容易。"吴樾说："那好，我去执行这容易的事，而陈君你可不能推脱缔造新国家重任啊！"最终，陈独秀只得含泪为吴樾北上送行。后来，吴樾刺杀五大臣未果，自己反而牺牲。陈独秀闻之，悲痛不已。

好友离开了人世，但好友的重托却在耳畔回荡。怎样去缔造一个新的国家啊？

陈独秀为此陷入了沉思。自己和身边的朋友都是文人，暴力革命确实非所长，可是，国势颓弱，民不聊生，何日是个头？陈独秀时刻陷在这样的痛苦里。

暗杀五大臣引来了清廷的通缉追杀，陈独秀等人慢慢也暴露了。1907 年，在清廷的追缉到达安徽时，陈独秀只得又一次逃亡日本。

这次到日本他一直待到 1909 年才回国。刚回国不久，即收到哥哥庆元逝世的消息。哥哥是陈独秀一向敬仰的兄长，父亲过世早，哥哥对陈独秀兼有父兄的双重照料。陈独秀哀伤万分。多年来，由于参与革命行动，他很少回家，家庭却因为他遭受了官府查问和搜索。借这次哥哥辞世，陈独秀回到了家乡。

敬爱的哥哥辞世，以及家人不理解他干革命而给予的冷遇，使他深陷悲痛与孤独。

革命未见成果，家庭又是一片惨象，陈独秀走入了人生从未有过的低谷。

这时，高君曼出现了。高君曼是高晓岚同父异母的妹妹，当时正在北京女子师范学校读书。她经常在报刊上见到姐夫的文章，早就对姐夫心生崇拜。这次见着姐夫，当然不会放过向姐夫求教的机会。当她得知，自己喜欢、敬重的一大批名人，竟然都是姐夫的好友或者同学时，对姐夫更是崇拜得不得了。此时，她对姐夫的恋慕是怎样也掩盖不了的。正处于孤独、悲伤、失意中的陈独秀，心里也起了波澜。这是一个接受新知识的新女性，她的活泼、她的求知欲，乃至她的一颦一笑，都深深地打动了陈独秀。

二人的举动，被家人看在眼里。可是处于爱的炽热氛围中的他们，不管不顾，最后干脆一起离开了家乡。

1910 年，他们来到了杭州。在这里，陈独秀在一家学校教书，课余和高君曼徜徉于山水和笑谈于朋友之间。他们过上了一生中难得的日子。

辛亥之后

1911年10月10日，武昌起义取得了出人意料的胜利。羸弱的清廷，一下就四分五裂，各个省份相继宣布独立，脱离清朝的统治。

安徽独立后，陈独秀的好友孙毓筠做了新的都督。他立刻拍来电报，邀请陈独秀前去担任都督府秘书长。

辛亥革命结束了中国几千年的专制统治，且1912年建立了亚洲第一个共和国——中华民国。但正如鲁迅小说里反映的，专制意识及其支配下的行为，并没有因为新制度的国家建立而消失，而是以另一种形式存留了下来。

从陈独秀来到安徽任都督府秘书长到1914年这几年间，他过得并不顺利。

新的都督府办事风格与以往并没有太大差别，效率极其低下；不少人刚接手职位，就开始为自己的金钱大梦打算。耿直的秉性，加上书生的理想主义气质，陈独秀当然不能容忍这些官僚习气。一次，都督孙毓筠开会时犯了鸦片瘾，不由得大打哈欠，严重影响了会议的进行。陈独秀不顾好友颜面，当场批评了孙毓筠。孙毓筠很是尴尬，差点下不了台。对好友尚且如此，面对其他丑恶现象，就可想而知了。

陈独秀一方面承担了大量的实际事务，全力推行行政机构的改革；一方面又要应付官场的种种陋习，心里实在不爽。同时，他也觉得，这样的政治局面断然不可持续，迟早会再次发生变局，以至于一些有识之士欲来投奔或者进入官场，他都对之予以提醒。

尽管如此，陈独秀在自己力所能及的范围内，还是最大可能地对安徽的地方事务做出了贡献。尤其是 1912 年孙毓筠离任后，他和新任总督柏文蔚，一起为安徽的地方治理和民众启蒙做了很多实际的工作。

不久，国内局势果然如陈独秀所料乱了起来。

1913 年 3 月 20 日，宋教仁遇刺。这是一次政治谋杀，政府当局针对此也启动了司法程序，且对当时的国务总理等都发出了质询。可是，孙中山此时已经不满意北京政府的举动，他说服了黄兴等人，发起了二次革命，以推翻时为民国总统的袁世凯。安徽也加入到了二次革命的行列。这次武装革命不幸失败。陈独秀等人自然成了通缉对象，家乡的亲人也因此受了牵连。

陈独秀被迫藏身于上海。在这期间，他与同样参加了二次革命现逃亡到日本的章士钊取得了联系，得知章士钊正在编辑一本新的杂志《甲寅》，就欣然接受邀请，来到了日本，又一起和好友办起了这个中国历史上著名的刊物。

在《甲寅》的这段时间里，陈独秀对自己十来年的革命道路进行了一次清理。通过在安徽都督府的从政经历，他对政治的黑暗、官场的腐败了然于胸。他意识到，即使通过革命取得了政权，但是，遗留于人们思想意识深处的专制落后因素仍然存在，这些因素仍然是主导人们执政施政的指导思想。这样仅仅简单的政权交替，哪里是革命，要知道，革命是要带来制度更新的，而不是换了一帮人掌权而已。

陈独秀意识到了其中文化的因素对人的制约与影响。如果人民不从文化的层次，对脑袋里的认识来一次清理，国家和人民要想获得新生，那是不太可能的。于是，他将注意力主要放在了文化启蒙上。他一方面在《甲寅》组织相关稿件，一方面自己也撰写关于文化启蒙的文章，并第一次使用了“独秀”的笔名。从“暗杀”到“从政”，现在陈独秀走向了文化启蒙之路，这由他骨子里书生本色所决定的选择，成了他以后的主要道路。

在《甲寅》期间，还有一个重要的收获，他认识了高一涵、李大钊等，还与远在美国留学给《甲寅》投稿的胡适建立了联系。这些人，都成了他以后主办的《新青年》杂志的骨干人物。《甲寅》为这些后来的文化启蒙者提供了相识相聚的平台，一定意义上也可以说，《甲寅》为以后中国的新文化运动提供了很好的先期铺垫。

《甲寅》很快在读者中引起了极大的反响，人们纷纷参与杂志每期话题的争鸣。而陈独秀作为《甲寅》的编辑和主要撰稿人，也因此受到了人们的认可与支持。陈独秀也从《甲寅》所引起的这些变化里，对自己进行文化启蒙有了充足的信心。不久，他的心里萌发了自己办一个刊物的想法。

从编辑到思想领袖

1915年，《甲寅》杂志从日本搬到上海。

回到国内的陈独秀马上开始了自己办一个刊物的事宜。就在他为新的刊物忙碌的日子里，《甲寅》被政府当局禁止印行。陈独秀加快了新杂志的筹办工作。

1915年9月15日。在朋友汪孟邹等的帮助下，《青年》杂志诞生了。秉承陈独秀文化启蒙的想法，这本杂志的宗旨就是针对中国的传统文化、传统习俗、专制政治等方面，给予了强烈的抨击，意在以此启蒙国人，唤醒他们的自主意识，促成国人思想领域的革命，最终实现中国的政治革命。陈独秀在《青年》杂志上开宗明义地提出了刊物的两大宗旨——“民主”和“科学”，即“德先生”与“赛先生”。自《青年》杂志诞生起，新文化运动的大幕由此揭开，中国的历史进入了一个新的阶段。

这里有个小插曲，是关于杂志名称的。当时，《青年》杂志创刊号即在读者中产生了激烈的反响。这时，上海基督教会提出抗议，说《青年》杂志的刊名很容易让人将之与基督教上海青年会主办的杂志《上海青年》混淆起来。于是，陈独秀将《青年》杂志从第二卷起更名为《新青年》。

《新青年》以前所未有的姿态，对中国的专制主义、旧思想、旧道德、旧文学等进行了系列批判。不久，在与胡适的通信中，陈独秀意识到，要提倡新的文化，从文学着手，是一个很好的切口。于是，在他的敦促与往来交流启发下，胡适从美国寄来了《文学改良刍议》一文，由此兴起了文学革命运动。他们的文学革命先从提倡白话文开始。他们认为文言文已经不适应新的历史的需要，要大量提倡用广大民众都能明白的白话文来进行文学创作。

新文化运动由此从白话文运动开始，一步步撬动了旧中国的文化秩序与理念。《新青年》在社会上的影响越来越大，它的读者群遍布全国，陈独秀本人也渐渐成了国内青年的偶像和文化运动的领袖。当时，还在湖南省读书的青年毛泽东，就受《新青年》和陈独秀的影响极深。毛泽东后来回忆说，他当时最敬佩的人就是陈独秀，陈独秀是给他当时影响最大的人。像毛泽东这样在《新青年》熏陶下成长的青少年不知凡几。

随着《新青年》的发展势头越来越好，陈独秀决定筹资壮大《新青年》。于是，1916 年年底，他和朋友汪孟邹一起前往北京，募集资金。

时值蔡元培任北京大学校长不久，他为了办好大学正四处招罗人才。蔡元培得知陈独秀来到北京，十分高兴。他们早就认识，当年于上海在“暗杀团”里一起共赴革命大业，他对陈独秀的早年办报生涯也十分了解和佩服，更是佩服陈独秀一往直前的革新勇气。

于是，蔡元培找到陈独秀，力邀陈独秀来北大任文科学长。可是，陈独秀的杂志办得正入佳境，以杂志来推动中国的文化气象的变革大有可望，所以，他不愿意进入大学而放弃《新青年》的工作。蔡元培为此多次拜访陈独秀，且让他将《新青年》搬到北大开办。见蔡元培如此有诚意，自己又能继续《新青年》的事业，于是答应试试看。同时，陈独秀告知蔡元培，他还有一位安徽同乡，在美国留学，是一位不可多得的人才，可以来北大任文科学长或者教授，这人即是胡适。蔡元培深信陈独秀推荐的人，应允了他的要求。

1917年，《新青年》从上海来到了北京。

当时的北京是中国绝对的文化中心，这里聚集了一大批有识之士，这使得陈独秀的《新青年》拥有了得天独厚的支持阵营。不久，随着胡适归国任职北大教授，越来越多的人成了杂志的骨干力量，比如李大钊、胡适、周作人、鲁迅、钱玄同、刘半农、高一涵等。此时的《新青年》也如日中天，向旧制度的诸多方面发出了自己雷霆万钧的攻势。

当然，《新青年》发起的这些文化领域的举动，自然会受到一些旧派人士的阻挠和反感，比如著名的翻译家林纾等，就与陈独秀、胡适他们发生了激烈的论战。这些与旧派人物间的论战，涉及旧文化、旧礼教、文言文、妇女问题等诸多方面。每一次《新青年》的言论与回击，都让民众尤其是青年学生，看到了冲破旧的一切的希望与信心。就拿文学领域来说，更多的青年学生学起了用白话文写作，学生们新办的刊物用起了白话文……新文化运动，在陈独秀、胡适等人领导下，一步步走向全面和深入。

可是，旧派人物不甘心就这样失败，斩龙就得先斩首，他们动用了一些卑鄙的手段，向陈独秀投出明枪暗箭。他们先是想唆使北洋政府当局用行政手段打压陈独秀，但在蔡元培等人的大力反对下，这些阴谋破产。可是，更卑鄙的手段又上场了。坊间开始流传，陈独秀在风月场，与一前往狎妓的学生，为一个妓女而发生了摩擦，而该妓女还被陈独秀抓伤了下体。这没有一点证据的传言，显然是有人故意传播，诋毁陈独秀。谣言很快起了作用，压力渐渐压向蔡元培主持的北京大学。

北大一向以倡导新文化、新思想、新生活为标，这下自己的教员居然与狎妓扯上了关系，不少北大教师也扛不住了，纷纷找到蔡元培要求开除陈独秀。蔡元培当然不相信陈独秀会做此事，但在众人的围攻游说下，也开始了让步。

性格耿直且大大咧咧的陈独秀根本不理谣传之事。可是，当他看到事情竟然会将北大牵扯进去，在朋友的劝说下，发表了辟谣的声明。此时的陈独秀，对旧派人士的不择手段开始恼怒起来，指出了谣言的起因和相关人的姓名。但是，旧派势力并没有就此罢休，政府当局施加的压力和谣言依旧笼罩在陈独秀身上。不久，陈独秀已经从北大辞职的消息，又传开来。至此，陈独秀已经开始厌烦了这样无聊的人身攻击，他不再为自己辩诬，心底对这些旧派人物鄙薄到了极点。

最终，陈独秀被解除了文科学长之职，但保留了他的北大教授职位。

就在陈独秀深陷旋涡的日子，1919 年 5 月 4 日，五四运动爆发了。

在《新青年》熏陶下成长起来的北京的大学生们，为了抵制政府在巴黎和会上签字，破除日本帝国主义的阴谋，走出了教室，走出了校园，以游行的形式，表达了青年学生对国势的关怀。在学生的带动下，全国各地的学生行动起来了，商人们也行动起来了，不同阶层的民众也加入了抗议的行列。最终，慑于国内的抗议声势，中国代表没有在巴黎和会上签字。

青年学生们的这一举动，让不少革命人士看到了启蒙的伟力，也让陈独秀看到了文化启蒙的效果，原来，文化启蒙会促使青年学生走向街头，而这学生直接的实际行动真能促成国家政府决策的改变。陈独秀大为兴奋，召集了几位好友、同事，一起为五四学生运动呐喊助威。此时，本来就一直致力于文化启蒙的陈独秀，真正感受到了启蒙的直接效果，他在北大的失意，使他更加对北大没有了兴趣。渐渐地，他算是自动离开了北大。

他决定将文化运动深入下去，他认为要将直接行动向市民普及。于是，他印好了一些唤起北京市民新意识的传单，与朋友高一涵一起到繁华的地段散发。

结果，陈独秀被警方逮捕入狱。

后来，经北大胡适一帮老友等多方营救，陈独秀出狱。但此时，有了以上经历的陈独秀，思想开始产生了变化。

陈独秀从监狱出来，处于被监视查看的状态。但他违反规定，跑到上海、武汉等地进行了一些演讲。这些举动引来了北京警方的注意，于是，为躲避警方的迫害，1920 年 2 月，陈独秀悄悄离开北京，来到了上海。

书生的建党生涯

1920年4月，共产国际代表维经斯基到了北京，他此行的目的是与中国革命组织建立联系。他与北大的李大钊进行了深入的交谈，了解到李大钊和陈独秀有筹办中国共产党的打算，十分高兴。

这之前的陈独秀，对马克思主义虽说不上了解很多，但已经有了一些初步的知晓，且有着浓厚的兴趣。经过李大钊的大力推荐，维经斯基来到上海找到了陈独秀。

与维经斯基的见面，陈独秀对马克思主义者有了更直接的了解，对于共产国际准备在中国建立共产党也产生了兴趣，遂介绍了当时上海的一些有为青年给维经斯基认识，并且帮助维经斯基建立了共产国际东亚书记处中国科。维经斯基通过与陈独秀的交谈，看到他在青年中的威信和地位，以及他的实际办事能力，确信陈独秀就是共产党在中国最合适的领头人选。

1920年8月，一个命名为“中国共产党”的共产党早期组织成立了，陈独秀成为书记的当然人选。利用在全国青年中的影响和号召力，在陈独秀的组织下，全国各地纷纷成立了宣传马克思主义的组织支部。不久，青年团也在陈独秀的领导下成立。

在陈独秀的带动下，上海共产党小组纷纷进入工厂，了解工人的现实处境，纷纷建立工人组织——工会，为工人争取应有的权利。同时，他将《新青年》彻底改为党的机关刊物，大力公开宣传马克思主义和社会主义。他的这一举动，引起了《新青年》同人们的异议，原先的办刊团队也因此而解散。

1920 年 11 月，陈独秀接到陈炯明的来电，邀他到广州。当时的广州是中国革命气氛最热烈的地方，孙中山等国民党人士都在广州。陈独秀与维经斯基、李大钊等人商量后，决定前往广州，因为那正是可以大力宣传马克思主义的很好平台。可是，当他来到广州，渐渐发觉这里的革命气象也只是外在的景观，各派势力间的政治角逐才是革命外在气象下的主题。同时，他宣传的马克思主义和社会主义，也遭到了不少人的排斥和不满，包括陈炯明。陈炯明原是要陈独秀将他在北大革故鼎新的作为带到广州，从教育界、知识界给广东带来新的气象。出乎陈炯明意料的是，陈独秀此行讲得最多的竟然是马克思主义和社会主义，这引起了陈炯明的不快。

陈独秀一方面感受到了广州当地的局势，但一方面对于筹办一所大学与宣扬马克思主义依然信心十足，如果能够在一所大学、一个地方将思想文化领域和社会实践领域结合起来，岂不是一件很好的事情。此时的陈独秀，从新文化运动时期的思想文化启蒙领域，初步踏入了更加直接的社会实践改造中，力图通过对劳工阶层的权利争取，一个领域一个阶层地团结起来，用马克思主义的理论和社会主义的实践实现自治，一步一步达到社会的整体进步。但是，他此时对社会变革的中心观点依然是：认为社会的进步完善，是一个渐进的逐步过程；社会的变革，是一个人一个群体逐步觉醒、逐步参与的共建过程。一个组织的建立无非是为使这些社会共建的活动提供一些思想资源和背后助力而已。所以，他虽然身为上海共产党的书记，但对于离开上海到广州进行其他工作，丝毫不觉得有什么违逆、偏差的地方。他的这种思想家而非政治家的文人气质，可以说贯穿了他的整个一生；而这种气质也正是他值得人敬佩和令人叹息的特质。

1921 年，马林替代维经斯基成为共产国际委派到中国的代表。当时的全世界共产主义运动都直接接受共产国际的领导，作为共产国际代表到各国就是对各国的共产主义运动进行指导，共产国际代表在各国共产党的实际事务中起着绝对的领导作用。但是，共产国际囿于对各国社会现实认识的不足或者偏差，使得派往各国的共产国际代表在执行共产国际的指示时，多有与各国现实不相符之处。现在我们回过头来看，历史确实也证明了这点。

马林来到上海，进行的第一件大事就是组织召开中国共产党的第一次全国代表大会。可当时，陈独秀还在广州。马林对于陈独秀作为上海共产党的书记，却身在广州有些不快。他去电广州，催促陈独秀返上海，陈独秀因为前面所述的对中国社会变革的认识，并不十分在意马林的催促。

所以，中国共产党的第一次全国代表大会陈独秀并没有出席。不过，因为陈独秀在共产党建立过程中的实际作用，以及在国内思想界的地位，他还是被选为中国共产党的第一任书记。

马林作为从莫斯科来的共产国际代表，带着莫斯科的理念和模式看待草创的中国共产党，觉得中国共产党的诸多工作都做得非常不到位。现在，他看到了陈独秀在中国共产党内的影响和地位，想立刻召回陈独秀的心情更是急切。他一方面对陈独秀脱离上海不满，一方面也希望党能在陈独秀的组织带领下尽快进入正轨。于是，马林派包惠僧到广州接回了陈独秀。

20世纪上半期，共产主义运动在世界各地进行得如火如荼，每个国家的共产党组织都直接受到莫斯科共产国际的领导，但陈独秀因为对社会渐进变革的认识，以及对共产国际在各国运作模式的不了解，他对马林不是很在意。所以，他来到上海后，并不是很重视马林的意见。同时，马林的个性也和陈独秀一样有着傲慢刚烈不屈服的一面，这就造成了二人不可避免的冲突。二人常常因为坚持自己的意见而激烈辩论。

陈独秀觉得一个外国人不可能了解中国的现实，用他的方法来搞中国社会的革命肯定是有很多不合适的，中国的革命，是要靠中国人自己来领导实践才会最终成功。同时，他觉得用外国的援助来搞中国的革命，在当时各靠外国支持的军阀割据的时代里，总有授人以柄的地方。再加上马林常常以共产国际代表的身份用一种居高临下的姿态对他讲话，这激起了陈独秀骨子里的傲慢，他更加不将马林放在眼里。

而马林这边，他从共产国际的运作模式和理念出发，认为中国共产党是共产国际在中国成立的一个支部，它的一切活动当然应该服从于共产国际的安排。可是，陈独秀却不遵守这些规定，显然是马林所不能接受的。

二人的矛盾渐趋恶化，陈独秀甚至很长时间都不与马林会面，报告党的工作情况。

二人的关系直到陈独秀的一次被捕才最终得以缓和。

陈独秀来到上海的活动，一直受到当局的关注。1921年10月，巡捕以宣传赤化为由，将陈独秀拘捕了起来。

作为当时的社会思潮的重要领袖被捕，这件事在全国引起了剧烈的反响。社会各界包括原先《新青年》同人、大学同事和知识界、报界、政界等人士，都为陈独秀的被捕发出了愤怒的吼声并实施了一些实际的救援活动。

马林于陈独秀被捕后，立刻展开救援活动，动用了他能动用的所有关系，并从共产国际要来资金，为陈独秀聘请辩护律师。陈独秀最终很快被释放，马林可谓尽了全心全力。

生性耿直的陈独秀将马林的一切都看在眼里，出狱后的他见到马林很是感激和感动。他与马林进行了两次长谈，交换了彼此的意见。当然，相互也有妥协，但彼此的情感走近了一大步。

最终，陈独秀接受了马林关于共产国际通行的运作方法，表示中国共产党拥护共产国际，同意接受共产国际的领导，接受共产国际的经济援助。作为中国共产党的书记，陈独秀真正以组织的形式，开始履行起了自己的职责。

中国共产党开始以一个政党组织的形式，正式跃上了历史的舞台。

马林于 1921 年年底的时候，拜会了国民党领袖孙中山。国民党是当时中国革命力量中最强大的组织。且当时的孙中山由于军阀的纷争，也正欲团结国内反对北洋军阀政府的力量进行一场革命。所以，马林自然找到了孙中山。他和孙中山的见面应该是和谐愉快的，不久他就来到了当时国民党力量的中心广州，进行了一番考察。最后，他认为，完全可以借助国民党的力量在中国实现社会主义的革命。而这革命的具体操作，可以通过共产党加入国民党的形式加以完成。

陈独秀在清末的革命活动，使他认识到了很多革命不好的或者是局限性的一面，而对于国民党，他也有诸多疑问在心。所以，现在中国共产党既然有了自己的组织，他认为以独立的政党的形式参与社会的变革事务才是可取的模式。当时，中国共产党内部持陈独秀同样意见的不在少数，他们都认为，和国民党的合作会丧失自己的革命追求。但在共产国际和马林的坚持下，最终服从了莫斯科的决议。

在孙中山默许“联俄、联共、扶助农工”三大政策的前提下，1922 年 8 月，陈独秀等共产党员以个人名义加入国民党，对外以国民党的名义投身到了革命中。

但国共两党这历史上的第一次合作，并不那么顺利。两党之间虽然合作做了不少的革命事宜，但相互的猜忌和矛盾一直存在。

国民党内对共产党的批判反对力量愈益强大。到 1925 年孙中山逝世，这些力量集中喷涌出来。他们公开反对共产党，反对马克思主义，要求将共产党逐出国民党。甚而，国民党内同情或者支持共产党的成员，如廖仲恺，竟然被这些反共势力暗杀掉。

以陈独秀为首的中国共产党中央，为这些事务，和共产国际多次进行沟通，要求对国民党的这些举措进行正面回应。但因为当时莫斯科看到国共合作的不如人意，对中国共产党在中国的实际作用产生了严重的误判，所以，面对国民党的攻击，莫斯科多次采取了让步政策为主。而作为共产国际的一个分支，陈独秀等最终也只得服从莫斯科的决定，在对国民党这些举措的回应上多采取了妥协的做法。

当然，作为共产国际政策执行者的陈独秀，骨子里的书生本色，使他很不适应政治斗争。他的性格就像鲁迅先生说的，有几杆枪、有几把刀，别人看得清清楚楚。他本就厌恶阴谋诡计的算计，被迫离开北大就是他心里永远的痛。所以，他面对国民党势力的攻击时，自然是做不到兵来将挡，水来土掩。因为，阴谋诡计不是他这样的人所能做得出来的。所以，当他后来面对蒋介石这样的政治斗争高手时，举措失当也不令人意外。何况，即使他有了一些合适的回应，最终也还得屈服于莫斯科做出的不管是合理还是不合理的决议。

1926 年 3 月，蒋介石制造了“中山舰”事件，借口中国共产党要武装暴动，扣留了中山舰并逮捕了舰长共产党员李之龙。接下来就是在广州全面展开“清共”行动，准备开始“整理党务案”，意欲将共产党排除出广州。

陈独秀对此事件十分愤怒，向莫斯科共产国际提出了坚决要求退出国民党的致函。可是，共产国际最终否决了他的提议，要求共产党对国民党再次妥协。

蒋介石当初并没有料到莫斯科和中国共产党会对自己让步，现在见对方竟然一步步退缩，在反共举措上，顿时胆子大了起来。

蒋介石逐渐掌握了国民党的军事力量，陈独秀似乎看出了蒋介石的威胁，以及他与其他军阀的相似之处。他似乎看到，蒋介石的诸多做法，导致的肯定是国民党的一党独大。所以，到 1926 年 6 月，广州国民政府决定北伐时，陈独秀提出了强烈的反对，并公开发表了自己的看法，指出蒋介石的军阀本质。言论公开后，陈独秀受到的抨击可想而知。这些抨击不仅仅来自国民党，也有来自共产党内的同志。

为何自己当初想借政党形式介入社会变革的设想，走到了这样的地步？

种种怀疑与无奈，开始遍布陈独秀的脑海。

而到了 1927 年国民党准备展开“四一二”大屠杀前，他按照莫斯科的意见迎接汪精卫回国，想以此牵制蒋介石。而当他和周恩来一起见了汪精卫之后，发表了《汪陈宣言》，表示继续服从国共合作的方针。可是，不想汪精卫与蒋介石“宁汉合流”，国民党内部两股力量合在一起，对共产党进行了长期的绞杀。

1927年7月，陈独秀鉴于在莫斯科指示下，办不好事情又不得不做事的境况，提出了辞职。莫斯科批准了他的辞职。自此，虽然他还就一些事务向共产党提出自己的建议和看法，但他基本上离开了中国共产党，再也没有参与共产党的实际事务。

晚年陈独秀

1927年9月，陈独秀躲过国民党的封锁、追缉，悄悄来到了上海。

大革命失败，身边的同志陆续被捕，甚而倒在血泊之中，自己的两个儿子延年和乔年也牺牲在国民党的屠刀下，陈独秀沉痛万分。而自己不得不承受的领导失误之责，也令他苦闷不已。

这时期的陈独秀，一方面就共产党的一些事务发表自己的看法，反思这么多年的经验教训；一方面又回到了贯穿他一生的书生生活，又开始了关于文字学方面的研究。至此，他虽然与中国共产党又有几度交集，包括他后来被捕出狱与延安方面的接触，但他再也没有回到共产党内，而是渐行渐远，直至没有任何联络。

1932年秋，在上海隐居了5年的陈独秀被国民党上海当局抓获。由于陈独秀的名气实在太大，在国内的影响可是非同一般，如果在上海进行相关审判，上海当局也不知要怎样才好，于是，上海方面连夜将陈独秀押送到南京。在被押往南京的火车上，因为前途未卜，同时被捕的好几个同志都紧张得彻夜未眠，陈独秀却一会儿就呼呼大睡，鼾声大作，貌似这是一次旅行一样。

这是陈独秀一生中的第四次被捕。就像他的每一次被捕一样，这次被捕也引起了国内的轰动，同时，社会各界朋友如蔡元培、胡适等知识分子又一次展开了援救和说情活动，而不少律师更是自荐愿意免费为他提供辩护。

作为曾经的社会思潮的引领人物，在正式开庭审判的日子里，来监狱拜访的名流络绎不绝。以前的同事和朋友自是不在话下，甚至包括一些国民党的高官，因仰慕陈独秀，都前来拜访他，纷纷向他表示敬意。这真是少有的奇观。

1933年4月中旬，审判开始。虽陈独秀无钱也无意请辩护律师，但最终老友章士钊担任了他的辩护律师。不过，在法庭上，老友章士钊的辩护却没得到陈独秀的同意和支持。

老友章士钊明白国民党当局以“叛国罪”起诉的深层含义，于是，他就以陈独秀领导下的共产党与国民党的合作推动国内革命，以及现在陈独秀与中国共产党的疏离，说明陈独秀有利于国民党，指控的叛国罪因此也根本没法成立。章士钊的辩护显然是一种策略。

可就在章士钊结束辩护词时，陈独秀站了起来，当场申明：章士钊的辩护，是他的意见，而非我陈独秀本人的意见。他的说法不算，而要以我自己的说法为准。于是，他开始自我的辩诉。这就是历史上著名的陈独秀的“辩诉状”。

辩诉状里，他指斥国民党的种种罪恶，且他一反章士钊所辩护之“实有利于国民党”的说法，直陈自己就是反对国民党政府。但是，又指出，反国民党政府就等于是背叛民国吗？反对一个执政党及其组建的政府，就是叛国？如果这样的说法成立的话，那国民党领袖孙中山、黄兴等人反对清政府、袁世凯的北洋政府，他们岂不是叛了两次国？

陈独秀的慷慨凛然和鞭辟入里的辩诉状，引起法庭上的一片叫好声，弄得法官讪讪讷言。

最终，经过多次审判，指控的“叛国罪”没有成立，法庭以一个似是而非的罪名“以文字为叛国之宣传”判处陈独秀有期徒刑 8 年。

刑期已定，陈独秀被关押在南京老虎桥 45 号监狱。

幸好国民党政府对他算是优待，监狱的居住条件较其他犯人都要好。他在里面既可以读书写作，也可以会见亲友。大革命失败后，他潜伏上海期间认识的伴侣潘兰珍每天都可以到监狱里照顾他的生活。较好的生活和学习研究条件，他将监狱当成了研究室，又开始了他的书生生涯，又继续于文字学的研究。

1937 年全面抗战开始，陈独秀在多方的努力下，被释放出狱。此后，国民党曾想资助他一笔钱让他成立一个新的政党，被他拒绝；又是许他高官，他更是不理。他说，自己不会向国民党妥协，因为国民党杀害了他的两个儿子。同时，他也拒绝了朋友如胡适的叫他到国外写传记的建议。

他随向大后方撤离的人群来到了武汉。其间，与共产党内叶剑英等有过接触，但双方的分歧依旧，陈独秀最终没有选择回归共产党。

不依附于任何党派、团队的陈独秀，开始了为抗日的鼓与呼，就当时形势和应对提出了个人的看法。曾经的思想领袖，又一次以文人的方式，为祖国奉献了自己的思想。

1938 年，日军逼近武汉，陈独秀带着家人向西撤到重庆，最终落脚在了江津这个县城。此时的陈独秀只能靠自己微薄的稿酬维持一家人的生活，处境十分艰难。偶尔有北大友人的财物支持，他会收下，但其他朋友的资助，他一概拒绝。国民党方面也曾想资助他，但被他严词拒绝。

困苦的生活并没有阻止陈独秀的思考，他时刻关注和思考着当时中国、世界的局势。这一次，他选择了“重回五四”，回到了“科学”与“民主”。他坚信，以后的世界政治格局，当是以宪政民主的国家建构为方向。

1942 年初夏，陈独秀已经是重病缠身。患有高血压的他，听说蚕豆花泡水喝可以治疗高血压，就叫潘兰珍去摘了一些回来泡茶喝。结果，部分蚕豆花沤烂了，以致他喝下去后肚子胀得难受。这样的状况持续了两三天，身体似乎稍微好了一点点。这天，当年的同志、多年的朋友包惠僧来拜访他，他很是高兴，就多吃了点久违了的四季豆炒肉，结果饭后呕吐不止，从此一病不起。

1942 年 5 月 27 日，陈独秀在昏迷中离世。

第五辑　陈独秀著作精选

实庵自传（节选）

几年以来，许多朋友极力劝我写自传，我迟迟不写者，并不是因为避免什么虚荣；现在开始写一点，也不是因为什么虚荣；休谟的一生差不多是消耗在文字生涯中，我的一生差不多是消耗在政治生涯中，至于我大部分政治生涯之失败，也并不足为虚荣的对象。我现在写这本自传，关于我个人的事，打算照休谟的话“力求简短”，主要的是把我一生所见所闻的政治及社会思想之变动，尽我所记忆的描写出来，作为现代青年一种活的经验，不力求简短，也不滥钞不大有生气的政治经济材料，以夸张篇幅。

写自传的人，照例都从幼年时代说起，可是我幼年时代的事，几乎完全记忆不清了。佛兰克林的自传，一开始便说：“我向来喜欢搜集先人一切琐碎的遗事，你们当能忆及和我同住英格兰时，遍访亲戚故旧，我之长途跋涉，目的正在此。”我现在不能够这样做，也不愿意这样做，只略略写出在幼年时代印象较深的几件事而已。

第一件事：我自幼便是一个没有父亲的孩子。

民国十年（1921 年）我在广东时，有一次宴会席上，陈炯明正正经经地问我：“外间说你组织什么‘讨父团’，真有此事吗?”我也正正经经地回答道：“我的儿子有资格组织这一团体，我连参加的资格也没有，因为我自幼便是一个没有父亲的孩子。”当时在座的人们，有的听了我的话，呵呵大笑，有的睁大着眼睛看着我，仿佛不明白我说些什么，或者因为言语不通，或者以为答非所问。

我出世几个月，我的父亲便死了，真的，我自幼便是一个没有父亲的孩子。我记得我幼时家住在安徽省怀宁县城里，我记得家中有一个严厉的祖父，一个能干而慈爱的母亲，一个阿弥陀佛的大哥。

……

我从六岁到八九岁，都是这位祖父教我读书。我从小有点小聪明，可是这点小聪明却害苦了我。我大哥的读书，他从来不大注意，独独看中了我，恨不得我一年之中把《四书》、《五经》都读完，他才称意，《四书》、《诗经》还罢了，我最怕的是《左传》，幸亏这位祖父或者还不知道“三礼”的重要，否则会送掉我的小性命。我背书背不出，使他生气动手打，还是小事；使他最生气，气得怒目切齿几乎发狂令人可怕的，是我无论挨了如何毒打，总一声不哭，他不只一次愤怒而伤感的骂道：“这个小东西，将来长大成人，必定是一个杀人不眨眼的凶恶强盗，真是家门不幸!”我的母亲为此不知流了多少眼泪，可是母亲对我并不像祖父那样悲观，总是用好言劝勉我，说道：“小儿，你务必好好用心读书，将来书读好了，中个举人替你父亲争口气，你的父亲读书一生，未曾考中举人，是他生前一桩恨事!”我见了母亲流泪，倒哭出来了，母亲一面替我揩眼泪，一面责备我道：“你这个孩子真淘气，爹爹那样打你，你不哭，现在倒无端的哭了!”母亲的眼泪，比祖父的板子，着实有权威，一直到现在，我还是不怕打，不怕杀，只怕人对我哭，尤其妇人哭，母亲的眼泪，是叫我用功读书之强有力的命令。”……

像我那样的八股程度，县考、府考自然名次都考得很低，到了院试，宗师（安徽语称学院为宗师）出的题目是什么“鱼鳖不可胜食也材木”的截搭题，我对于这样不通的题目，也就用不通的文章来对付，把“文选”上所有鸟兽草木的难字和《康熙字典》上荒谬的古文，不管三七二十一，牛头不对马嘴上文不接下文的填满了一篇皇皇大文，正在收拾考具要交卷，那位山东大个儿的李宗师亲自走过来收取我的卷子（那时我和别的几个人，因为是幼童和县、府试录取第一名，或是经古考取了提堂，在宗师案前面试，所以他很便当的亲自收取卷子，我并不是考幼童，县、府试也非第一名，一入场看见卷面上印了提堂字样，知道经古已经考取了，不用说这也是昭明太子帮的忙），他翻开我的卷大约看了两三行，便说：“站住，别慌走!”我听了着实一吓，不知闯下了什么大祸。他略略看完了通篇，睁开大眼睛对我从头到脚看了一遍，问我十几岁，为啥不考幼童？我说童生今年十七岁了。他点点头说道："年纪还轻，回家好好用功，好好用功。"我回家把文章稿子交给大哥看，大哥看完文稿，皱着眉头足足有个把钟头一声不响，在我，应考本来是敷衍母亲，算不得什么正经事，这时看见大哥那种失望的情形，却有点令我难受。谁也想不到我那篇不通的文章，竟蒙住了不通的大宗师，把我取了第一名，这件事使我更加一层鄙薄科举。……

江南乡试是当时社会上的一件大事，虽然经过了甲午战败，大家仍旧在梦中。我那时所想象的灾难，还远不及后来在考场中所经历的那样厉害；并且我觉得这场灾难是免不了的，不如积极的用点功，考个举人以了母亲的心愿，以后好让我专心做点正经学问。所以在那一年中，虽然多病，也还着实准备了考试的工夫，好在经义和策问，我是觉得有点兴趣的，就是八股文也勉强研究了一番。至于写字，我喜欢临碑帖，大哥总劝我学馆阁体，我心里实在好笑，我已打定主意，只想考个举人了事，决不愿意再上进，习那讨厌的馆阁字做什么！我们弟兄感情极好，虽然意见上没有一件事不冲突，没有一件事依他的话做，而始终总保持着温和态度，不肯在口头上反驳他，免得伤了手足的感情。

大概是光绪二十三年七月罢，我不得不初次离开母亲，初次出门到南京乡试了。同行的人们是大哥，大哥的先生，大哥的同学和先生的几位弟兄，大家都决计坐轮船去，因为轮船比民船快得多。那时到南京乡试的人，很多愿意坐民船，这并非保存国粹，而是因为坐民船可以发一笔财，船头上扯起一条写着“奉旨江南乡试”几个大字的黄布旗，一路上的关卡，虽然明明知道船上装满了私货，也不敢前来查问，比现在日本人走私或者还威风凛凛。我们一批人，居然不想发这笔横财，可算得是正人君子了！

我们这一批正人君子，除我以外，都到过南京乡试的，只有我初次出门，一到南京，看见仪凤门那样高大的城门，真是乡下佬上街，大开眼界，往日以为可以骄傲的省城——周围九里十三步的安庆城，此时在我的脑中陡然变成一个山城小市了。我坐在驴子背上，一路幻想着，南京城内的房屋街市不知如何繁华美丽，又幻想着上海的城门更不知如何的高大，因为曾听人说上海比南京还要热闹多少倍。进城一看，使我失望了，城北几条大街道之平阔，诚然比起安庆来在天上，然而房屋却和安庆一样的矮小破烂，城北一带的荒凉，也和安庆是弟兄，南京所有的特色，只是一个“大”。可是房屋虽然破烂，好像人血堆起来的洋房还没有；城厢内外唯一的交通工具，只有小驴子，跑起路来，驴子头间一串铃铛的丁零当啷声，和四个小蹄子的得得声相应和着，坐在驴背上的人，似乎都有点诗意……现在回想起来，那时南京人的面容，还算是自由的，快活的，至少，人见着人，还不会相互疑心对方是扒手，或是暗探；这难道是物质文明和革命的罪恶吗？不是，绝对不是，这是别有原因的。

我们这一批正人君子，到南京的头一夜，是睡在一家熟人屋里的楼板上，第二天一早起来，留下三个人看守行李，其余都出去分途找寓处。留下的三个人，第一个是大哥的先生，他是我们这一批正人君子的最高领袖，当然不便御驾亲征，失去尊严；第二个是我大哥，因为他不善言辞；我这小小人自然更不胜任，就是留下看守行李的第三个。午后寓处找着了，立刻搬过去，一进屋，找房子的几个正人君子，全大睁着眼睛，你看看我，我看看你，异口同声地说："这屋子又贵又坏，真上当！"我听了真莫名其妙，他们刚才亲自看好的房子，怎么忽然觉得上了当呢？过了三四天，在他们和同寓中别的考生谈话中间，才发现了上当的缘故。原来在我们之先搬来的几位正人君子，来找房子的时候，大家也明明看见房东家里有一位花枝招展的大姐儿，坐在窗口做针线，等到一搬进来，那位仙女便化做一阵清风不知何处去了。后来听说这种美人计，乃是南京房东招揽考先生的惯伎，上当的并不止我们这几位正人君子，那些临时请来的仙女，有的是亲眷，有的是土娼。考先生上当的固然很多，房东上当也不是没有。如果他们家中真有年轻的妇女；如果他们不小心把咸鱼、腊肉挂在厨房里或屋檐下，此时也会不翼而飞；好在考先生都有“读书人”这张体面的护符，奸淫窃盗的罪名，房东那敢加在他们身上！他们到商店里买东西，有机会也要顺带一点藏在袖子里，店家就是看见了也不敢声张，因为他们开口便说：“我们是奉着皇帝圣旨来乡试的，你们诬辱我们做贼，便是诬辱了皇帝！”天高皇帝远，他们这几句大话，未必真能吓倒商人，商人所最怕的还是他们人多，一句话得罪了他们，他们倒要动野蛮，他们一和人打架，路过的考先生，无论认识不认识，都会上前动手帮助，商人知道他们上前帮着打架还不是真正目的，在人多手多的混乱中，商人的损失可就更大了，就是闹到官衙，对于人多势大的考先生，官也没办法。南京每逢乡试，临时增加一万多人，平均一人用五十元，市面上有五十万元的进账，临时商店遍城南到处都有，特别是状元境一带，商人们只要能够赚钱，受点气也就算不了什么。这班文武双全的考先生，惟有到钓鱼巷嫖妓时，却不动野蛮，只口口声声自称寒士，商请妓家减价而已，他们此时或者以为必须这样，才不失读书人的斯文气派！

我们寓处的房子，诚然又坏又贵，我跟着他们上当，这还是小事，使我最难受的要算是解大手的问题，现在回想起来还有点头痛。屋里没有茅厕，男人们又没有用惯马桶，大门外路旁空地，便是解大小手的处所，我记得那时南京稍微偏僻一点的地方，差不多每个人家大门外两旁空地上，都有一堆一堆的小小金字塔，不仅我们的寓处是如此。不但我的大哥，就是我们那位老夫子，本来是个道学先生，开口孔、孟，闭口程、朱，这位博学的老夫子，不但读过几本宋儒的语录，并且还知道什么“男女有别”“男女授受不亲”的礼教，他也是天天那样在路旁空地上解大手，有时妇女在路上走过，只好当做没看见。同寓的有几个荒唐鬼，在高声朗诵那礼义、廉耻、正心、修身的八股文章之余暇，时到前门探望，远远发现有年轻的妇女姗姗而来，他便扯下裤子蹲下去解大手，好像急于献宝似的，虽然他并无大手可解。我总是挨到天黑才敢出去解大手，因此有时踏了一脚屎回来，已经气闷，还要受别人的笑骂，骂我假正经，为什么白天不去解手，如今踏了一脚屎回来，弄得一屋子的臭气！“假正经”这句话，骂得我也许对，也许不对，我那时不但已解人事，而且自己戕贼得很厉害，如果有机会和女人睡觉，大约不会推辞，可是像那样冒冒失失的对一个陌生的女子当街献宝，我总认为是太无聊了。

到了八月初七日，我们要进场考试了。我背了考篮、书籍、文具、食粮、烧饭的锅炉和油布，已竭尽了生平的气力，若不是大哥代我领试卷，我便会在人丛中挤死。一进考棚，三魂吓掉了二魂半，每条十多丈长的号筒，都有几十或上百个号舍，号舍的大小仿佛现时警察的岗棚，然而要低得多，长个子站在里面是要低头弯腰的，这就是那时科举出身的大老以尝过“矮屋”滋味自豪的“矮屋”。矮屋的三面七齐八不齐的砖墙，当然里外都不曾用石灰泥过，里面蜘蛛网和灰尘是满满的，好容易打扫干净，坐进去拿一块板安放在面前，就算是写字台，睡起觉来，不用说就得坐在那里睡。一条号筒内，总有一两间空号，便是这一号筒的公共厕所，考场的特别名词叫做“屎号”。考过头场，如果没有冤鬼缠身，不曾在考卷上写出自己缺德的事，或用墨盒泼污了试卷，被贴出来，二场进去，如果不幸座号编在“屎号”，三天饱尝异味，还要被人家议论是干了亏心事的果报。那一年南京的天气，到了八月中旬还是奇热，大家都把带来的油布挂起遮住太阳光，号门都紧对着高墙，中间是只能容一个半人来往的一条长巷，上面露着一线天，大家挂上油布之后，连这一线天也一线不露了，空气简直不通，每人都在对面墙上挂起烧饭的锅炉，大家烧起饭来，再加上赤日当空，那条长巷便成了火巷，煮饭做菜，我一窍不通，三场九天，总是吃那半生不熟或者烂熟或煨成的挂面。有一件事给我的印象最深。考头场时，看见一位徐州的大胖子，一条大辫子盘在头顶上，全身一丝不挂，脚踏一双破鞋，手里捧着试卷，在如火的长巷中走来走去，走着走着，上下大小脑袋左右摇晃着，拖长着怪声念他那得意的文章，念到最得意处，用力把大腿一拍，翘起大拇指叫道：“好！今科必中！”

这位“今科必中”的先生，使我看呆了一两个钟头。在这一两个钟头当中，我并非尽看他，乃是由他联想到所有考生的怪现状；由那些怪现状联想到这班动物得了志，国家和人民要如何遭殃；因此又联想到所谓抡才大典，简直是隔几年把这班猴子、狗熊搬出来开一次动物展览会；因此又联想到国家一切制度，恐怕都有如此这般的毛病；因此最后感觉到梁启超那班人们在《时务报》上说的话是有些道理呀！这便是我由选学妖孽转变到康、梁派之最大动机。一两个钟头的冥想，决定了我个人往后十几年的行动。我此次乡试，本来很勉强，不料其结果却对于我意外有益！

随感录（节选）

两团治政

中国人，上自大总统，下至挑粪桶，没有人不怕督军团，这是人人都知道了，但是外交团比督军团还要厉害。列位看看，前几天督军团在北京何等威风！只因为外交团小小的一个劝告，都吓得各鸟兽散。什么国会的弹劾，什么总统的命令，有这样厉害吗？这就叫做“中国之两团政治”！

义和拳征服了洋人

有人说，现在法国使馆也在那里扶乩请神，岂不是洋人也相信鬼神了吗？我道，却不尽然。原来官场腐败，中外相同。而且外国虽有极少数好奇的学者，爱谈鬼怪，不像中国神奇鬼怪是全国人普遍的思想。

战争的责任者

协约国以德皇为欧洲大战的责任者，要求荷兰国交出来审问治罪。我们中国此次南北战争，国家人民，也都吃苦不小，请问担这责任的人到底是谁？

公仆变了家长

古时专制国，皇帝就是家长，百姓就是弟子。此时共和国，总统算是公仆，国民算是主人。家长式的皇帝下一道上谕，拿那道德不道德的话来教训百姓，原不算稀奇。现在公仆式的总统也要下一道命令来教训国民，这是怎么一回事？

大红顶子红缨帽

清室虽然退了位，每月初一十五，满街都是出入清宫戴大红顶子的主人，戴红缨帽子的奴仆。提起德国、俄国皇室的悲惨，我很替清室和这班戴大红顶子的红缨帽子担忧。

野　心

本月十六日，威尔逊总统在巴黎议事厅宣言云："美国加入欧战之时，非独因为中欧帝国之宗旨不合，应受各国爱慕自由公理者所抵抗，但因其图谋破坏法律之野心，已见于实行，激动吾人之心。"前几天，冯国璋总统也说："予意和平之进行，当力图永久之和平，而勿为日前敷衍之计。根本解决只在打消各方军阀谋扩充个人势力之野心。但使今日具有武力之人，能发生一种觉悟，知武力之不可恃，法律之不可违，民意之不可抹杀，勿凭藉地位以逞私见而动辄发难，则国家从此可以安定。"这两位总统的名言，我都佩服得很。

可见得一国中有了扩充个人势力破坏法律的野心家，不但国内人民要反对他，就是外国人也要兴师问罪哩！

倒军阀

日本东京庆祝协约战胜的时候，庆应大学学生五千人，开提灯大会，前竖一面大旗，上面写了“倒军阀”三个大字，游行时经过的衙署都招待他们，惟有参谋部和陆军部不理。我们天津的庆祝会，南开学校的学生却异想天开，做一个“国魂舟”，两位学生装扮关羽、岳飞坐在船内，游行街市。一个是反对武人政治，（乃木，东乡，真算得是中国关、岳一流人物，何以日本青年不崇拜他，还要反对他呢?）一个是崇拜忠孝节义时代的武人。现在两国的青年思想如此不同，将来的国运就可想而知了。

军民分治

军人是对外用的，在国内政治上，他没有地位。现在政府里人和在野政客，都把“军民分治”四字挂在嘴上，当做最时髦的政策。殊不知野蛮国只有军治，文明国只有民治。地方治安，应该是地方官的责任。请问民治以外，军治是什么？全国的海陆军，都应当隶属中央，不当分属地方（就是联邦制，地方政府也不养兵）。所以什么“军民分治”，什么“划分军区”，都是根本的错误。

到底是哪一团厉害?

议员本代表国民的，却受了督军的指挥，反对曹汝霖做交通总长。曹汝霖却知道这一团不及那一团厉害，所以外国人便提议京奉路全部取现。一个国务员同意案，暗中也有两团势力的竞争，这国会成个什么国会！政府成什么政府！

得众养民

前月十八日政府下了一道命令，开口便说道："道以得众为先，政以养民为本。"按共和国没有皇帝，不是家天下，不知什么人想得众做什么？共和国人民是靠自己养自己，不靠人养的，更不要官养的；不但不要官养，并且出租税养了官。我们中国的人民不但养了官，还养着许多官来残害人民。啊呀！少发点纸票子来骗人民的钱，（用出算一元，收入只算四角几分，不是骗钱吗?）少招点士兵来伤害人民的生命财产，就算是阿弥陀佛了！如今没有什么圣祖高皇帝，什么圣祖仁皇帝，用不着什么"抚育元元"、"加惠黎庶"的恩诏！

谁是匪?

各省的匪多极了。政府要打算除暴安良，剿匪，诚然是顶要紧的事。但是这件事不自今日才要紧，也不是陕西、福建更要紧。南方收容了卢、樊等匪，本来不对。但是有曾经政府任命的两位鼎鼎巡阅使原来又是什么出身呢？如今果然要剿匪？当真要剿匪？那我就举双手赞成！

国防军

国家养兵，本来都是为国防用的。现在又要新招什么国防军，那末（么）其余的军队，留做什么用处呢！叫做什么名目呢！难道叫做“家防军”吗！

军人与官僚

野蛮的军人，腐败的官僚，都是国民的仇敌。但是两样比较起来，军人更觉可怕，可厌。同是可怕可厌的军人，我们觉得那不曾倡首拥戴袁世凯做皇帝，不曾阴谋复辟，不曾加入督军团来逼着总统解散国会的，比较还好一点。

武治与文治

中国武治主义，就是利用不识字的丘八，来压迫政见不同的敌党，或者是设一个军政执法处，来乱杀平民。中国的文治主义，就是引用腐败的新旧官僚，来吸收人民的膏血；或者是做几道命令，来兴办教育工商业，讨外国人的好；做几道命令，来提倡道德，提倡节孝，提倡孔教，讨社会上腐败细胞的好。武治主义，文治主义，当真是这样吗！

尊孔与复辟

照孔圣人的伦理学说，政治学说，都非立君不可；所以袁世凯要做皇帝之先，便提倡尊孔。现在内务部又要把颜元、李塨二人从祀圣庙，政府里居然准了，因此下了道命令，说些什么孔子道赞化育，陶铸群伦，“重儒修，明正学”，（邪学是什么?）“人德即在彝常，导世先端教化”的话。大家想想，这是什么意思?

安徽小鬼

章太炎因为安徽人在政治上造的罪恶太多了，逢人便骂“安徽小鬼，没有一个好东西”!现在别的方面不用说了；单说自称人民代表的先生们，北京某俱乐部的重要分子，不大半是我们贵省人吗?安徽省议员，不是奉承倪嗣冲通过了“盐斤加价”的议案了吗?我想章老先生的话真正不错。

国民大会

国民大会，必须经过合法的手续，方能成立，断断不许所谓名流私人集合可以冒充的。最奇怪是朱代表电请国务院派周自齐、林长民到南方筹办国民大会。分明由政府委员组织私人团体，硬说是国民大会，硬说是有仲裁两方面争执的资格，恐怕国民不能承认罢。

鸦片与纸票

上海烧了存土一千多箱，北京中交纸票渐渐涨价，总算是现政府办了两件差强人意的事。但是甘肃、陕西、云南等省，仍旧烟苗遍地，丘八贩烟土，无人敢问，吗啡的坏处，比鸦片还要厉害；湖南、湖北的纸票，真是商民的大害：像这些事，才是政府分内应该办理的。比那异想天开的重道德尊孔教的命令，正当得多，有益得多。

特别国情！

租界上的领事裁判权和警察权，海关的协定税法，世界上受外国这种不平待遇的，现在只有我们中国一国。若问各国何以待我们这样特别，他们必定爽爽快快答道，就是你们常说的“中国有特别国情”的缘故。

公理战胜强权

我们对于参战，简直算没有出力。如今坐在和平会议席上，提出无数的要求，固然可耻；但是在各国方面，要把这个理由来拒绝中国，难道公理战胜强权的解说，就是按国力强弱分配权利吗？

揭开假面

协约国攻击德国的旗帜，就是“公理战胜强权”。如今那海洋自由问题，国际联盟问题，巴尔干问题，殖民地占领问题，都是五个强国在秘密包办。至于弱小国的权利问题，缩小军备问题，民族自决问题，更是影儿没有。我们希望这公理战胜强权的假面，别让主张强权的德意志人揭破才好。

谁的罪恶？

政府令军警督察处检查军人私贩烟土，总算胆子不小。这位不会做官的马处长，却当真的去严行搜查；查出贩土的人不是师长的兄弟，便是阔人的马弁，弄得没有办法，听说要想辞职。禁烟本是一件好事，马处长总算一个好人，好人竟办不下这好事，请问是谁的罪恶？

公理何在？

此次欧洲的大战，比利时真是义侠可风，牺牲的程度也不算小。如今会议席上，五强国竟垄断起来，可怜吃了千辛万苦的比利时，竟做了门外汉，连日本也比不上，试问公理何在？过激派的行为，纵或有不是的地方，但是协约国把他们破坏俄、德两大专制的功劳，一笔抹杀，又试问公理何在？德皇未败以前，反对战争始终不屈的，只有李普克尼希一派，从前附和德皇的人，如今却逼迫李普克尼希，而且加害他的生命，又试问公理何在？

特别国情

前筹安会的重要职员景耀月，近来发布他在国民制宪倡导会招待席上演说。大意说是宪法要按照一国的历史，习惯，民情，风俗，特别制定，不可模仿欧、美的成法。我看什么共和，什么宪法，都是欧、美人特有的制度，按照我们中国的历史，习惯，民情，风俗，都不必勉强学他。我劝景某还是拿古德诺“特别国情”的话头，去鼓吹帝制罢，何苦谈什么共和国的宪法呢?

司令部土多

前几天《顺天时报》报上，有一段《日下三多》的文章，说京中某司令部包贩烟土，司令部土多，是三多之一。查京中有两个司令部：一是京畿警备司令部，一是奉军驻京司令部。这土多的不知是哪一个司令部?我要请问军警督察长和警察总监。

信实通商

如若有人想买鸦片土，可以送现洋四百五十元到东城某胡同某军机关处，比时就取得收条，烟土一百两随即送到。并且有了他发的收条，这烟土就算保了险，不怕警察查拿。这不算得信实通商吗?

理想家哪里去了？

法兰西国民，向来很有高远的理想，和那军国主义狭义爱国心最热的德意志国民，正是一个反对。现在德意志不但改了共和，并且执政的多是社会党，很提倡缩减军备主义。而法兰西却反来附和日本、意大利，为着征兵废止国际联盟军备缩小等问题，和英、美反对，竟使威总统有主张将和平会议迁移他国的风传。不知理想高远的法兰西国民，都到哪里去了？

中日亲善

欧洲和会，已有反对秘密外交的趋势。而口口声声说中、日亲善的日本，偏偏不许我们宣布中、日秘约。此次欧战，乃是共同对敌的义举。所以出力的各国，不曾向塞、比、波兰要求酬报。而口口声声说中、日亲善的日本，偏偏要把山东的铁道矿山，做青岛交换的条件。中、日亲善，原来就是这样！

亡国与卖国

亡国总是一件不幸的事体，卖国也是一种不好的行为。却不能因为亡在哪一国，卖到哪一国，在道路远近上，人种差别上，分别幸与不幸，好与不好。同一亡国卖国，若说亡在卖在道路较近人种较同的国家手里，就说是亲善，不算是亡国卖国，这个道理无人能懂。

你护的什么法?

日本鉴于世界大势，要将朝鲜和台湾的总督，改用文官，免得军治制度招朝鲜人和台湾人的反抗。想不到我们中华民国里，口称护法的人，还有分设九军区的主张。划分军区，就是承认军人有管辖区域，就是承认军治制度。这是比日本人对待被征服的朝鲜、台湾还不如，请问你们护的什么法?

和平的根本障碍

南方派说陕西问题是重大问题，北方派说是枝叶问题。我也说是枝叶问题，不但陕西问题，就是福建问题，参战军问题，也都是枝叶问题。只有造成这三个枝叶问题的原动力，乃是和平障碍的根本问题。若不除去这根本障碍，那上海的和平会议，终究是要破裂的。试问造成欧洲战乱的威廉第二，若仍旧在德国执掌兵权，那巴黎的和平会议，能够成立吗?

更加肉麻

梁节庵先生常对人说：我听见什么维新党革命党谈自由平等民权，已经是肉麻了；如今更听见许多前朝的官吏老儒，投降了革命党，做了他们民国的官吏议员，已经可耻，还要厚着脸学我们谈纲常名教，我听了更加肉麻!

林纾的留声机器

林纾本是想藉重武力压倒新派的人，那晓得他的伟丈夫不替他做主，他老羞成怒，听说他又去运动他同乡的国会议员，在国会里提出弹劾案，来弹劾教育总长和北京大学校长。无论哪国的万能国会，也没有干涉国民信仰言论自由的道理。我想稍有常识的议员，都不见得肯做林纾的留声机罢？

日本人可以在中国随便拿人吗？

各国的治外法权，不出使馆以外。就是对于可怜的中国，扩充一点，向来也不能出租界以外。现在日本使馆，竟公然在北京捕拿朝鲜人；无论所拿的是政治犯或是窃犯，不请求中国警察代拿，都是侵犯中国的主权。试问东京的中国使馆，若有这样行动，日本的政府应该怎样对待呢？

冤哉洪述祖！

洪述祖判了死刑，固然是罪有应得；但是那教唆洪述祖去谋杀宋教仁的袁世凯，乃是真正首犯，虽然死了不能加刑，何以政府里人人都还尊敬他不得了呢？

南北一致

人人都说南北意见不能一致，其实不然。请看陈树藩在陕西提倡种烟，唐克明也在鄂西照办。北方某军驻京的机关，和某旅长某司令部，都为包贩鸦片发了横财，云、贵军队也全靠这宗生意才有兵饷。这岂不是南北一致吗？再看护法军不提护法的事，国防军不肯担任国防的事，这不又是南北一致吗？

纲常名教

欧洲各国社会主义的学说，已经大大的流行了。俄、德和匈牙利，并且成了共产党的世界。这种风气，恐怕马上就要来到东方。日本人害怕得很，因此想用普遍选举，优待劳工，补助农民，尊重女权等等方法，来消弭社会不平之气。但是这种稀奇古怪外国事，比共和民权更加悖谬，自古以来不曾有过，一定传不到中国来。即便来了，就可以用"纲常名教"四个字，轻轻将他挡住。日本人胆儿太小，我们中国人不怕！不怕！

中国和平的障碍

吴佩孚听了赵恒惕"这回南北战争，不是北军攻打南军，简直是日本攻打中国"的话才主张停战。当时有人说赵恒惕这话，是故意造谣，离间北洋团体的。前几天日本前外相加藤，在宪政会议员总会的演说，也说"彼参战借款，军事协约，兵器供给等，为中国和平之障碍者，多属前内阁之失策所遗留"。大家应该相信赵恒惕的话，不是故意造谣了罢。

太监与缠足

世间事理，固然没有绝对一定的是非，但是太监和缠足这两件事，总算得非多而是少罢。不料广州有一位新闻记者，居然称赞缠足，说是有关风化。北京某大学有一位教员，在讲堂上说宦官是中国特有的好制度。中国人复古思想，竟然到了这步田地，只有令人叹气罢了！

安徽省议会的笑话

倪嗣冲的议会，因为安徽绅民反对盐斤加价，警务加征，一五加征三个议案，曾由议长提交大会议决，要取缔人民嗣后对于议会议决各案不得函电干涉。这件事我们用不着批评他，只写下来当做中国议会史的附录里一段笑话材料就得了。

婢学夫人

林琴南排斥新思想，乃是想学孟轲辟杨、墨，韩愈辟佛、老。林老先生要晓得如今虽有一部分人说孟轲、韩愈是圣贤，而杨、墨、佛、老却仍然有许多人尊重，孟轲、韩愈的价值，正因为辟杨、墨、佛、老减色不少。况且学问文章不及孟、韩的人，更不必婢学夫人了。

倪嗣冲的儿子

议员倪幼丹，听说参议院要弹劾教育总长，他说道：咱们国会何必干涉学堂的事？照这样看来，那位自称参议院代表去恐吓傅总长的人，他的知识程度，还不及倪嗣冲的儿子！

不可思议的新旧思潮

日本是君主国，那德莫克拉西主义，和纲常名教主义冲突，原来是当然的事。若在共和国里，纲常名教本当不成问题了，一方面却还把纲常名教当做旧思潮，一方面也把德莫克拉西当做新思潮，两边居然起了冲突，实在是不可思议。更奇怪的竟有一班调和大家，折衷大家，想用那折衷主义来调和新旧。试问德莫克拉西是什么？纲常名教是什么？两下里折衷调和起来是什么？

林琴南很可佩服

林琴南写信给各报馆，承认他自己骂人的错处，像这样勇于改过，倒很可佩服。但是他那热心卫道宗圣明伦和拥护古文的理由，必须要解释得十分详细明白，大家才能够相信咧！

关门会议

南北代表，都赞成关门主义。《平和日刊》的记者，更劝他们“谢绝外界，暂断交通，远师四大国秘密会议之成规”。要晓得这回巴黎会议，也是分赃会议，所以不得不秘密，所以毫无价值。我看他们议决的事件，大约和从前维也纳的神圣同盟差不多，事后必无效果。请看匈牙利的事，就是个榜样。南方某代表，还主张不见客不看报。像这样“闭门造车”的法子，固然免得议论庞杂，意见分歧，我看他们这样怕庞杂分歧，倒不如请出一位皇帝来，下一道上谕解决时局，岂不更简单痛快！

文治主义

在段内阁武治时代，大学倒安然无事；现在却因为新旧冲突，居然要驱逐人员了。哈哈！文治主义原来如此！

形式的教育

日本国民党新发布的政纲第七条，是“教育去形式的积习，宜谋与国民生活的实质相接触”。我们中国的青年，也正要死在形式教育的监牢里面，那教育部直辖得最得意的某专门学校，更是极端的形式主义，内容却是一包糟！

怪哉插径班！

我现在不反对基督教，也不反对学生信仰基督教。但是像清华、南开等，并不是教会经费所设立的学校，那教职员却用全力要叫基督教做他们的“校教”，要叫他们的学校做教会的附属品，我却不以为然。听说清华学校还有什么“插径班”，这班的用意，乃是拿考试分数做信教的变换条件，这岂不是一桩怪事！

二十世纪俄罗斯的革命

英、美两国有承认俄罗斯布尔塞维克政府的消息，这事如果实行，世界大势必有大大的变动。十八世纪法兰西的政治革命，二十世纪俄罗斯的社会革命，当时的人都对着他们极口痛骂，但是后来的历史家，都要把他们当做人类社会变动和进化的大关键。

多谢倪嗣冲、张作霖

中国资产社会和劳动社会都不很发达，社会革命一时或者不至发生。但是倪嗣冲在安徽拼命搜刮金钱，包办煤矿铁矿，不许旁人插手。张作霖在奉天因为要扩张自家的银号，霸占全省的财权，弄得别家银行钱庄纷纷破产。我看这两位财神，倒是制造社会革命的急先锋！

伤寒病和杨梅毒

军人的武治主义，是发大热的伤寒病，现出早晚就要性命的样子，但是热退病就好了。官僚的文治主义，是毒菌传遍血液的杨梅疮，眼前表面上虽不大觉得什么痛苦，一旦毒中脑部或是脊髓等处，却是无法可治。中国政界伤寒病还没好，杨梅毒又正在那里极力发展，非赶快把“安体匹林”和“六百零六”并用不可！

却没有了自己

我曾经遇见一位反对《新青年》和《新潮》杂志的人，问他反对的是哪一篇文章哪一种议论。他说：“我并没有看过《新青年》和《新潮》，只听见别人都这样说。”又有一班看过《新青年》和《新潮》的人，他反对的理由，是因为他说的议论和古人所说的不合。我看这两种人只晓得有别人，有古人，却没有了自己！

苦了章宗祥的夫人

驻日章公使回国的时候，三百多中国留学生，赶到车站，大叫“卖国贼”，把上面写了“卖国贼”“矿山铁道尽断送外人”“祸国”的白旗，雪片似的向车中掷去，把一位公使的夫人吓得哭了。其实章宗祥他很有“笑骂由他笑骂”的度量，只苦了他的夫人。留学生何忍这样恶作剧！

怎么商团又要“骂曹”

段内阁和寺内内阁时代，前后二万万元的借款，抵押了无数的矿山、铁道和森林，不用说都是日本西原氏，中国章、曹、陆诸人的大功。破坏铁道统一的功劳，也算曹汝霖

第一。这回设法妨害巴黎专使提案的亲日派卖国贼，还没有查实是谁，上海商业公团，又居然归功于曹汝霖。我想曹汝霖必然暗中笑道：就是你们中华民国的全国国民都站起来骂我，我不但不怕，而且正于我有大大的利益。

陆宗舆到底是那国的人？

有人说中华汇业银行是中、日合办的，有人说完全是日本的银行，我们实在弄不清楚。为了吉、黑两省金矿、森林借款的事，那中华汇业银行总理陆宗舆，给中华民国农商总长，财政总长的信，满纸的贵国，贵政府。这中华汇业银行到底是那国的银行，陆宗舆到底是那国的人，我们实在弄不清楚！

法律是什么东西？

吸鸦片烟和赌钱，自然不是好事，法律应该禁止的。但是那有钱有势的老爷太太们，在公馆里吸鸦片烟，打麻雀，打扑克的，天天不知道有多少。大老官赌起钱来，输赢到十万八万，都是常有的事。就是那惩办烟犯赌犯的法官警察官，吸烟赌钱的也不少，那个敢说他们犯法？单单寻着那吸烟赌钱的穷苦男女，捉来又是拘留，又是罚钱，说他们犯了刑法，违了警章。原来刑法和警章，就是这么一件东西！

干政的军人反对军人干政

南方军人通电反对军人干政，北方的参、陆两都也通电大表同情。他们是真心还是假意，已经令人怀疑了。至于那用兵保段内阁上台的张作霖，用兵赶黎总统下台的倪嗣冲，也来通电说军人干政的不是，未免太滑稽了。

破坏约法的人拥护约法

有了新国会就没有约法，有了约法就没有新国会，这是人人都知道的。想不到新国会的议员，也主张国会议宪的权柄是约法赋予的，不许旁人代劳。王郅隆竟电告北方代表，说国会根据约法，应该拥护。冤哉约法，破坏的是他们，拥护的也是他们，这件事刚巧和北方军人通电反对军人干政同时发生，可算得“无独有偶”了。

克伦斯基与列宁

克伦斯基本是俄国温和派的首领，现在居然致电劳农政府，说他的思想渐渐和布尔塞维克主义接近。可见世界上温和的人都要渐渐的激烈起来了，这是什么缘故呢?

南北代表有什么用处?

新国会议员说南北代表无权解决法律问题，我也以为诚然不错。不但法律问题，就是裁兵废督问题，将来也不过议决几个空言的议案，实际上都不是他们能够解决得了的。若想真和平，非多数国民出来，用那最不和平的手段，将那顾全饭碗阻碍和平的武人议员政客扫荡一空不可。像那二十个毫无力量的代表，是湖南人说的话“没得寸用”。

护法？丑！套狗索！

你们不是到过广州非常国会高谈护法吗？你们所骂的非法政府非法内阁所设的战后经济调查会，二百多会员当中，旧国会议员倒占了四分之三以上，内中有许多到过护法国会的。如今为了每月三百大洋，居然摇尾伸头套了非法内阁的“套狗索”。这种轻骨头，比三钱灯草灰还轻。战后经济调查，是何等重大事件，怎么拿人民的血汗钱，来做这项不经济的“套狗”用，这种黑骨头，比漆比墨还黑。

护法吗？要钱！

新国会议员有岁费又有津贴，他们怎样浪费人民的血汗钱，我们不必责备他。怎么护法的旧国会，也要把补给岁费案提出和会呢？我很盼望这话不确。

发财的机会又到了！国民怎么了？

中国全靠借债过日子，可怜极了！可怕极了！但是一班热心借外债得回扣的官僚却因此发了大财。你看金刚派和新旧交通系里一班时髦总次长，哪一个不是穷书生出身，如今都妻妾满堂阔不可比，试问他们的钱是哪里来的？善后大借款，又有用全国田赋抵押四万万元的话，那班借款大家，都忙着到上海赶这发财的机会去了。但是我们国民的担负怎么了！

公同管理

无论铁路问题，青岛问题，大而至于全国政权问题，不用说我们最希望的是自己管理。倘若自己不能管理，只好让列强公同管理。我们最反对的，是让日本管理。因为日本管理的地方，不但兵队警察要来，那卖淫的，卖药的，卖鸦片的，卖吗啡的，收买铜钱的，一齐都要来，都要把中国人踩在脚底下当狗打。打过了还要中国人和颜悦色的同他“亲善”，不然就加上你一个“排日”的罪名。老实不客气，我们中国若免不得亡国的命运，宁可亡在欧、美列国手里，不愿亡在日本手里。联合亚洲的黄人，抵抗欧、美白人的鬼话，我们绝对不相信。因为黄人待黄人，比白人待黄人还要残狠十倍。日本人在东三省和山东的情状，比从前俄人德人怎么样，这就是个明白的榜样。

我　国

北京日本人的某机关报，评论中、日的外交，纯然是日本人的口气，这是他分所当然。惟有说到中国，却满口的我国我国。这我国到底是指哪一国，令人莫明其妙。

两个和会都无用

上海的和会，两方都重在党派的权利，什么裁兵废督，不过说说好听做做面子，实际上他们哪里办得了。巴黎的和会，各国都重在本国的权利，什么公理，什么永久和平，什么威尔逊总统十四条宣言，都成了一文不值的空话。那法、意、日三个军国主义的国家，因为不称他们侵略土地的野心，动辄还要大发脾气退出和会。我看这两个分赃会议，与世界永久和平人类真正幸福，隔得不止十万八千里，非全世界的人民都站起来直接解决不可。若是靠着分赃会议里那几个政治家、外交家，在那里关门弄鬼，定然没有好结果。

何苦瞎打通电！

自从林、莫诸人通电以后，北方军人赞成军人不干涉政治的电报，接着纷纷打出，说起来都和真的一样。想不到张作霖马上就电告政府说和会所议的废督裁兵办法，东三省办不到。倪嗣冲马上就电告政府说新国会不能解散。我们想不出张、倪二人通电军人不能干政的时候，是一种什么心理？

卖国都有凭据吗？

小卖国——卖军用地图，外交称密文件等——往往有凭据，大卖国倒往往没有凭据。若已经有了事实上的证明，只因为没有特别凭据可以到法庭起诉，就说不能加他卖国的罪名。那么世界公认朝鲜卖国贼李完用、宋秉畯，除了亲日的事实以外，难道有什么卖国的特别凭据吗？

对外圆满，对内统一

北京学生做的《五七报》，虽然没有什么扰乱秩序的议论，但“五七”二字有伤日本人的感情，是应该禁止的。《晨报》和《国民公报》，时常鼓吹国民爱国，恐怕日本人听了讨厌，也是应该监视的。北京排日的气焰，算《益世报》第一，封禁得更不错。用武装禁止学生集会演说，顶是日本人快心的事。但是二十二日北京基督教五公会，在灯市口公理教堂开会，上书英、美两国政府，说日本欺压中国的危险。这件事政府也要拿出维持秩序的威风来压服压服他们才好，不然算不得对外圆满，对内统一。

只有叹气！

为了山东问题，我们国民除了口头上慷慨悲歌的排斥日本以外，没有丝毫别种觉悟。就以排斥日本而论，只知道单纯而且不能实行的排斥日货，不从根本上振兴工艺着想，我对于这种很浅薄的思想和运动，又不忍反对他们，只有叹气罢了！

自家人不及外国人

政府对于山东问题，是何等软弱退让！对于南方的八条要求，是何等强硬拒绝！难道国家的利权，尽可以让给外国，却断断不可让给自家吗？请问政府当局是什么肺肝？

冤哉《益世报》！

我们当初以为《益世报》被封，一定是因为反对日本和亲日派。哪知道警厅的布告，只说因为他登了第五师胡龙舒等的通电。查此项电报，据张树元通电声明是五月二十一日上海《新闻报》登出来的，就是二十三日本京的《京报》，也和《益世报》同时登载。现在拿这个理由单独封禁《益世报》，未免有点冤枉罢。

“本是同根生，相煎何太急！”

德意志是战败国，战败国的外交失败本是当然的事，然而他们国民对于屈辱条约的示威运动，非常激烈，他们政府未曾丝毫禁止。意大利和日本是战胜国，战胜国侵略别人土地的外交，就是失败也不算是屈辱。但是意大利和日本的国民，还说是屈辱的外交，对于政府的示威运动，也非常激烈，他们政府却也未曾丝毫禁止。我们索回青岛的外交，既不是因为打了败战，又不是去侵占别人的土地，政府为什么要禁止国民卫国的运动呢？我们现在忍不住要发出极悲惨可怜的声音，奉劝军警诸同胞道：“本是同根生，相煎何太急!”

同盟会与无政府党

从前清朝未倒的时候，官厅拿人，私人害人，不论青红皂白，都用“同盟会”三字做罪案。后来革命成功了，许多无耻的官僚侦探，都设法加入“同盟会”，而且大摇大摆的在众人面前冒充“老同盟会”。如今想倾陷人的又换了一种罪名做武器，叫做什么“无政府党”。请问中国哪里有许多无政府党呢?

北京十大特色

有一位朋友新从欧洲回来，他说在北京见了各国所没有的十大特色：(1) 不是戒严时代，满街巡警背着枪威吓市民。(2) 一条很好的新华街的马路，修到城根便止住了。(3) 汽车在很狭的街上人丛里横冲直撞，巡警不加拦阻。(4) 高级军官不骑马，却坐着汽车飞跑，好像是开往前敌。(5) 十二三岁的小孩子，六十几岁的老头子，都上街拉车，警察不曾干涉。(6) 刮起风来灰尘满天，却只用人力洒水，不用水车。(7) 城里城外总算都是马路，独有往来的要道前门桥，还留着一段高低不平的石头路。(8) 分明说是公园，却要买门票才能进去。(9) 总统府门前不许通行，奉军司令部门前也不许通行。(10) 安定门外粪堆之臭，天下第一!

立宪政治与政党

立宪政治在十九世纪总算是个顶时髦的名词，在二十世纪的人看起来，这种敷衍不彻底的政制，无论在君主国民主国，都不能够将人民的信仰，集会，言论出版，三大自由权完全保住，不过做了一班政客先生们争夺政权的武器。现在人人都要觉悟起来，立宪政治和政党，马上都要成历史上过去的名词了，我们从此不要迷信他罢。什么是政治？大家吃饭要紧。

六月三日的北京

民国八年六月三日，就是端午节的后一日，离学生的五四运动刚满一个月，政府里因为学生团又上街演说，下令派军警严拿多人。这时候陡打大雷刮大风，黑云遮天，灰尘满目，对面不见人，是何等阴惨暗淡！

吃饭问题

常言道："天要下雨，娘要嫁人，无法将他止住。"我看人要吃饭，也无法将他止住。各国都有许多雄纠纠虎狼似的军警，要立什么密约便立什么密约，要侵占人家土地便侵占人家土地，要怎样横蛮不说理便怎样横蛮不说理。独有人民要饭吃，却无法将他止往。无法止住，所以成了二十世纪劈头第一个大问题。

爱情与痛苦

我的朋友胡适之在我的朋友张慰慈折扇上写了两句："爱情的代价是痛苦，爱情的方法是要忍得住痛苦。"我看不但爱情如此，爱国爱公理也都如此。

南北一致

这回外交问题，政府自有办法，全国的学生和上海的商民瞎热心，添了政府许多麻烦，惟有西南护法诸将帅，除唐继尧外都一言不发，颇与政府宣示外交命令所说"外交繁重，责任当局"，"国人惟当持以镇静，勿事惊疑"的话相合，总算是好孩子，政府应当优待他们。

研究室与监狱

世界文明发源地有二：一是科学研究室，一是监狱。我们青年要立志出了研究室就入监狱，出了监狱就入研究室，这才是人生最高尚优美的生活。从这两处发生的文明，才是真文明，才是有生命有价值的文明。

可怜大折其本

某俱乐部的机关报记者，天天痛骂学生为人利用，想因此讨曹汝霖的好，那晓得曹不睬他，他又买八十块大洋的花送曹，曹只赏他六十铜元，可怜大折其本！

学术与国粹

学术何以可贵？曰，以牖吾德慧，厚吾生，文明之别于野蛮，人类之别于其他动物也，以此。学术为吾人类公有之利器，无古今中外之别，此学术之要旨也。必明乎此，始可与言学术。盲同之国粹论者，不明此义也。吾人之于学术，只当论其是不是，不当论其古不古；只当论其粹不粹，不当论其国不国；以其无中外古今之别也，中国学术，隆于晚周，差比欧罗巴古之希腊。所不同者，欧罗巴之学术，自希腊讫今，日进不已，近数百年，百科朋兴，益非古人所能梦见；中国之学术，则自晚周而后，日就衰落耳。以保存国粹论，晚周以来之学术，披沙岂不可以得金？然今之欧罗巴，学术之隆，远迈往古；吾人直径取用，较之取法二千年前学术初兴之晚周、希腊，诚劳少而获多。犹之欲得金玉者，不必舍五都之市而远适迂道，披沙以求之也。况夫沙中之金，量少而不易识别；披盲目之国粹论者，守缺抱残，往往国而不粹，以沙为金，岂不更可悯乎？

吾人尚论学术，必守三戒：一曰勿尊圣。尊圣者以为群言必折中于圣人。而圣人岂耶教所谓全知全能之上帝乎？二曰勿尊古。尊古者以为不师古，则卑无足取。岂知古人亦无所师乎？犯此二戒，则学术将无进步之可言。三曰勿尊国。尊国者以为“鄙弃国闻，外励进民德之道”。（用“重组中国学报缘起”之语）夫尊习国闻，曾足以励进民德乎？国闻以外，皆不足以励进民德乎？吾以为此种国粹论，以之励进民德而不足，杜塞民智而有余。（古人以尊国尊圣故，排斥佛教，致印度要典，多未输入中国，岂非憾事？奈何复以此狭隘之眼光，蔑视欧学哉！）

国粹论者有三派：第一派以为欧洲夷学，不及中国圣人之道；此派人最昏聩不可以理喻。第二派以为欧学诚美矣，吾中国固有之学术，首当尊习，不必舍己而从人也。不知中国学术差足观者，惟文史美术而已；此为各国私有之学术，非人类公有之文明；即此亦必取长于欧化，以史不明进化之因果，文不合语言之自然，音乐、绘画、雕刻，皆极简单也，其他益智厚生之各种学术，欧洲人之进步，一日千里，吾人捷足追之，犹恐不及，奈何自画？第三派以为欧人之学，吾中国皆有之。《格致古微》时代之老维新党无论矣；即今之闻人，大学教授，亦每喜以经传比附科学，图博其学贯中西之虚誉；此种人即著书满家，亦与世界学术，无所增益；反不若抱残守缺之国粹家，使中国私有之文史及伦理学说，在世界学术史上得存其相当之价值也。例如今之妄人，往往举《大学》“生众、食寡、为疾、用舒”之说，以为孔门经济学；不知近世经济学说，“分配论”居重大之部分，《大学》未尝及之，即“生产论”及“消费论”中，贵其劳力与时间问题，原则纷繁，又岂“生众、食寡、为疾、用舒”之简单理论所能包括；不但不能包括，且为“生产过剩”之原则所不容；倘执此以为经济学，何异据《难经》以言解剖，据《内经》以言病理，据《墨经》以言理化，据《毛诗》《楚词》以言动植物学哉？

国 会

世人攻击国会议员最大之罪状有二：一曰捣乱，一曰无用。所谓捣乱者：大约以其时与政府冲突，或自相冲突；所谓无用者，大约以其未尝建立利国福民之事业。为此言者，盖不知国会之为何物也。国会唯一之责任与作用无他，即代表国民监督行政部之非法行动耳；此外固无事业可为，安得以有用无用评判之耶？吾国会时与政府捣乱者，正以实行监督政府之非法行动，若大借款，若外蒙、俄约，若宋案，若伪公民团围攻议院事件，此之谓尽职，此之谓有用。其或自相冲突，亦因发挥民主政治之精神，与政府与党相扰战耳，此得谓之无用耶？国人须知国会之用处，正在捣乱。若夫不捣乱之参政院及今之参议院，斯真无用矣。

元曲上海某日报，曾著论攻击北京大学设立“元曲”科目，以为大学应研求精深有用之学，而北京大学乃竟设科延师，教授戏曲；且谓“元曲”为亡国之音。不知欧、美、日本各大学，莫不有戏曲科目。若谓“元曲”为亡国之音，则周、秦诸子，汉、唐诗文，无一有研究之价值矣。至若印度、希腊、拉丁文学，更为亡国之音无疑矣。此次北方发生之 pest，西医曾以科学实验之法，收养此种细菌，证明其喜寒而畏热，乃无识汉医，玄想以为北方热症，且推原于火坑煤炉之故，不信有细菌传染之说，妄立方剂；而北京各日报，往往传载此种妖言，殊可骇怪！国人最大缺点，在无常识，新闻记者，乃国民之导师，亦竟无常识至此，悲夫！

阴阳家

吾人不满于儒家者，以其分别男女尊卑过甚，不合于现代社会之生活也。然其说尚平实近乎情理。其教忠，教孝，教从，倘系施者自动的行为，在今世虽非善制，亦非恶行。故吾人最近之感想，古说最为害于中国者，非儒家乃阴阳家也；（儒家公羊一派，亦阴阳家之假托也）一变而为海上方士，再变而为东汉、北魏之道士，今之风水、算命、卜卦、画符、念咒、扶乩、炼丹、运气、望气、求雨、祈晴、迎神、说鬼，种种邪僻之事，横行国中，实学不兴，民智日僿，皆此一系学说之为害也。去邪说，正人心，必自此始。

圣言与学术

印度因明学家言，尽论辩之则，统依三量：一曰自心现量，一曰比较量，一曰圣教量。夫现量乃玄妙难言之境，以之立正破邪，将何以喻众？比量乃取众象以求通则，远西归纳论理之术，科学实证之法，是其类也。圣教量者，乃取前代圣贤之言，以为是非之标准也。圣贤之智慧，固加乎并世之常人；能谓其所言无一不周万类而无遗，历百世而不易，有是理乎？倘曰未能，则取其言以为演绎论法之前提，保无断论之陷于巨谬乎？吾国历代论家，多重圣言而轻比量，学术不进，此亦一大原因也。今欲学术兴，真理明，归纳论理之术，科学实证之法，其必代圣教而兴欤。

基督教与迷信鬼神

吾友某君与余言：吾辈虽不赞成基督教，然吾国人若信基督教，岂不愈于迷信鬼神，崇拜动物乎？一日，余以此语李石曾先生。李先生则云："宁任其迷信鬼神，崇拜动物，勿希望其信基督教，因鬼神动物之迷信，较基督教之迷信，浅薄而易解悟也。中国人种种邪说迷信，固极可笑；然当以科学真理扫荡之，不当以基督教之迷信代替之。"斯言也，吾无以难之。

社会裁制力

世间事物，皆有善恶两面，社会裁制力亦然。易卜生所攻击者，乃社会裁制力之恶面，若彼贪鄙无耻辈，亦恒为社会所不容，此其善面也。吾中华之社会裁制力则只有恶面而无善面；故特立独行之士罕若凤毛，贪鄙无耻之人盈天下也。中国社会之不及欧西也以此。

“笼统”与“以耳代目”

头脑不清的人评论事，每每好犯“笼统”和“以耳代目”两样毛病；这两样毛病的根源，用新术语说起来，就是缺乏“实验观念”，用陈语说起来，就是“不求甚解”。这种不求甚解的脾气，和我们中国人思想学术不发达的关系很大，详细说起来，不但太长，而且要惹出许多无谓的是非和可笑的辩论，现在且举一个极浅显的例：

几十年前，毫无教育脑筋极简单的蠢男女，对于一切学堂都叫做武备学堂，一切报纸都叫做《申报》，一切新派的人都叫做吃洋教的，像这样不求甚解，像这样“笼统”，这样“以耳代目”，你说可笑不可笑！

我真想不到现在北京竟有一班士大夫，攻击蔡孑民先生说他是耶稣教徒，又有一班留美学生，攻击胡适之先生，也说他是一个耶稣教徒。蔡、胡两先生是不是耶稣教徒，他们曾在本志（《新青年》）发表的文章可以证明，硬相信他们是耶稣教徒，未免犯了“以耳代目”的毛病；即令他们的确是耶稣教徒，也不算什么错处，拿这个来做攻击的材料，未免犯了“笼统”的毛病。

我并不是替蔡、胡二人辩护，他们也用不着我辩护，我所伤感的是中国现在的士大夫、留学生，还是和几十年前毫无教育脑筋极简单的蠢男女一样！

调和论与旧道德

现在社会上有两种很流行而不祥的论调，也可以说是社会的弱点。（一）是不比较新的和旧的实质上的是非，只管空说太新也不好，太旧也不好，总要新旧调和才好，见识稍高的人，又说没有新旧截然分离的境界，只有新旧调和递变的境界，因此要把“新旧调和论”号召天下。（二）是说物质的科学是新的好西洋的好，道德是旧的好中国固有的好。这两层意见，和我们新文化运动及思想改造上很有关系，我们应当有详细的讨论，现在姑且简单说几句。

新旧因调和而递变，无显明的界线可以截然分离，这是思想文化史上的自然现象，不是思想文化本身上新旧比较的实质。这种现象是文化史上不幸的现象，是人类惰性的作用；这种现象不但在时间上不能截然分离，即在空间上也实际同时存在：同一人数中，各民族思想文化的新旧不能用时代划分，同一民族中，各社会各分子思想文化的新旧，也不能用时代划分。这等万有不齐新旧杂糅的社会现象，乃是因为人类社会中惰性较深的劣等分子，不能和优级民族优级分子同时革新进化的缘故。我们抱着改良社会志愿的人，固然可以据进化史上不幸的事实，叙述他悲悯他实在是如此，不忍心幸灾乐祸得意扬扬的主张他应该如此。譬如人类本能上，有侵略、独占、利己、忌妒、争杀、虚伪、欺诈等等恶德，也没有人能不承认是实在如此。然断乎没有人肯主张应该如此。惰性也是人类本能上一种恶德，是人类文明进化上一种障碍，新旧杂糅调和缓进的现象，正是这种恶德这种障碍造成的。所以新旧调和只可说是由人类惰性上自然发生的一种不幸的现象，不可说是社会进化上一种应该如此的道理。若是助纣为虐，把他当做指导社会应该如此的一种主义主张，那便误尽苍生了。譬如货物买卖，讨价十元，还价三元，最后的结果是五元，讨价若是五元，最后的结果不过二元五角。社会进化上的惰性作用，也是如此，改新的主张十分，社会惰性当初只能够承认三分，最后自然的结果是五分。若是照调和论者的意见，自始就主张五分，最后自然的结果只有二分五，如此社会进化上所受二分五的损失，岂不是调和论的罪恶吗？所以调和论只能看做客观的自然现象，不能当做主观的故意主张。

再说到道德问题。这是人类进化上重要的一件事。现在人类社会种种不幸的现象，大半因为道德不进步，这是一种普通的现象，却不限于西洋、东洋。近几百年，西洋物质的科学进步很快，而道德的进步却跟他不上，这不是因为西洋人只重科学不重道德，乃因为道德是人类本能和情感上的作用，不能像知识那样容易进步。根于人类本能上光明方面的相爱、互助、同情心、利他心、公共心等道德，不容易发达，乃是因为受了本能上黑暗方面的虚伪、忌妒、侵夺、争杀、独占心、利己心、私有心等不道德难以减少的牵制；这是人类普通的现象，各民族都是一样，却不限于东洋、西洋。

我们希望道德革新，正是因为中国和西洋的旧道德观念都不彻底，不但不彻底，而且有助长人类本能上不道德的黑暗方面的部分，所以东西洋自古到今的历史，每页都写满了社会上政治上悲惨不安的状态，我们不懂得旧道德的功效在那里；我们主张的新道德，正是要彻底发达人类本能上光明方面，彻底消灭本能上黑暗方面，来救济全社会悲惨不安的状态，旧道德是我们不能满足的了。所以若说道德是旧的好，是中国固有的好，简直是梦话。

旧的中国固有的道德是什么，好处在哪里？勤俭二字用在道德的行为上，自然是新旧道德都有的，不算旧道德的特色，若是用在不道德的行为上，像那刻薄成家的守财奴，勤俭都是他做恶的工具，如何算是道德的标准呢？忠、孝、贞节三样，却是中国固有的旧道德，中国的礼教（祭祀教孝，男女防闲，是礼教的大精神），纲常、风俗、政治、法律，都是从这三样道德演绎出来的；中国人的虚伪（丧礼最甚）、利己、缺乏公共心、平等观，就是这三样旧道德助长成功的；中国人分裂的生活（男女最甚），偏枯的现象（君对于臣的绝对权，政府官吏对于人民的绝对权，父母对于子女的绝对权，夫对于妻男对于女的绝对权，主人对于奴婢的绝对权），一方无理压制一方盲目服从的社会，也都是这三样道德教训出来的；中国历史上现社会上种种悲惨不安的状态，也都是这三样道德在那里作怪。

章行严先生说，“中国人之思想，动欲为圣贤，为王者，为天吏，作君，作师，不肯自降其身，仅求为社会之一分子，尽我一分子之义务，与其余分子同心戮力，共齐其家，共治其国，共平天下”。这种偏枯专制，没有人己平等的思想，也正是旧道德造成的。这种道德就是达到他“人人亲其亲长其长”的理想，也只是分裂的生活，利己的社会；去那富于同情心，利他心，相爱互助全社会公同生活的理想，还远的很，所以我们对于中国固有的旧道德，不能满足。

西洋的男子游惰好利，女人奢侈卖淫，战争罢工种种悲惨不安的事，哪一样不是私有制度之下的旧道德造成的？现在他们前途的光明，正在要抛弃私有制度之下的一个人一阶级一国家利己主义的旧道德，开发那公有、互助、富于同情心、利他心的新道德，才可望将战争、罢工、好利、卖淫等等悲惨不安的事止住；倘若他们主张物质上应当开新，道德上应当复旧，岂不是“抱薪救火，扬汤止沸”！

留学生

日本历史上，有两次派遣留学生的事：一次是古代派到中国，一次是现代派到西洋。这两次的留学生，在日本文化史上，都有重大的位置，简直可以说日本全部文化史，都是这两次留学生造成的。我们中国派遣学生出洋的时间人数都不算很少，东洋留学生和中国文化史未必有什么关系，和中国卖国史却是关系很深了。西洋留学生除马眉叔、严几道、王亮畴、章行严、胡适之几个人以外，和中国文化史又有什么关系呢？这班留学生对于近来的新文化运动，他们的成绩，恐怕还要在国内大学学生中学学生的底下（至于那反对新文化的老少留学生，自然又当别论）。这是什么缘故？各部里每月用几百张纸钱，可怜裹住了多少英雄！我奉劝已回国未回国的留学生诸君，别抛弃你自己在中国文化史上的位置！

段派，曹、陆，安福俱乐部

哪个军人不横暴不抢钱？哪个官僚不卖国肥家？哪个政客不结党营私？我们从前专门骂段派，骂曹、陆，骂安福俱乐部，以为中国人要算这班分子最坏，中国必断送在他们手里；以为别的军人，别的官僚，别的政客，总要比他们好些。其实这种观察是一偏之见，大错而特错。

南京、武昌、广州，也都禁止国民爱国运动，拘捕学生，打伤学生，比北京还要厉害；广州的护法军人居然赶跑了议员，打毁了报馆，枪毙了主笔，北海的鱼都飞了，佛也跑了，河间府的田地现在也买不着了：南昌的商会叫苦连天；全国督军的荷包都满了，吴佩孚一旦做了湖南督军，假面就会揭穿。我们为什么专门反对段派呢？

中国实业公司是些什么人主持，在哪里内外勾结大卖而特卖呢？北京的中交票是何人弄到这步田地，现在还设法阻碍他兑现呢？“新华储蓄”的功德是谁做的呢？各条铁路是哪一系的人把持舞弊弄到这步田地呢？北京□□胡同新造的大洋房，这钱是从哪里来的？军事协定究竟有没有得过日本贿赂的人？北方官场中能找得出几个像董康那样干净的人呢？南方官场中能找得出几个像伍廷芳那样干净的人呢？我们为什么专门反对曹、陆？

上海某某制药公司是哪些人帮他运动注册的？第一次北方议和代表用的八十万，南（方）代表都毫无沾染吗？倪嗣冲盐斤加价的事，安徽人无不痛心切齿，偏偏有个进步党的首领说是义举。新思潮的运动，已经很受压迫了，现在又加上一个国民党的要人大骂无产社会，说是，“将来之隐患”，“大乱之道”。广东财政厅，盐运使，关税余款，西南银行的问题，闹得鸭屎臭；北京固然是一派人的家天下，广州也是政学会的家天下；军人反对旧国会的军政府改组案，不是他们指使的吗？他们上海的机关报，现在开始攻击新文化运动了。我们为什么专门反对安福俱乐部？

我并不是为段派，曹、陆，安福部辩护，我只希望我们青年国民要有彻底的觉悟。所谓彻底的觉悟，并不是要来彻底的攻击他们，是要一方面彻底的觉悟他们都不可靠，一方面彻底的觉悟只有我们自己可靠。不管他们怎样横暴贪污，只要我们自己万万不可再像他们那样横暴贪污，从自己个人起，要造成完全公正廉洁的人格，再由自己个人延长渐渐造成公正廉洁的社会；这公正廉洁的部分渐渐延长，那横暴贪污的部分自然就渐渐缩小。照这样办法，虽说过于迟缓，就怕比用特别大气力求急速改造社会的效果还大，还要实在。就是攻击他们，也不可偏责一方，因为他们同是一路的人，若是责甲恕乙，不但甲心不服，乙必暗笑这班书生容易欺骗。

新出版物

近来新出了许多杂志，并且十种里总有八九种是说"人"话的新杂志，不用说中国社会上只有这件事乐观；但是我对于这件事，更有数种进一步的感想：

（一）出版物是文化运动底一端，不是文化运动底全体；出版物以外，我们急于要做的实在的事业很多，为什么大家都只走这一条路？若是在僻远的地方——云南、甘肃等处——发行杂志，倒也罢了；像北京、上海同时出了好些同样的杂志，人力上财力上都太不经济了。

（二）我们的民族性，是富于模仿力，缺少创造力，有了大舞台，便有新舞台，更有新新舞台，将来恐怕还有新新新舞台，还有新新新新无穷新舞台出现。像这点小事，都只知道模仿，不知道创造！现在许多人都只喜欢办杂志，不向别的事业底方面发展，这也是缺少创造力底缘故。就以办杂志而论，也宜于办性质不同，读者方面不同的杂志，若是千篇一律，看杂志的同是那一班人，未免太重复了。

（三）凡是一种杂志，必须是一个人一团体有一种主张不得不发表，才有发行底必要；若是没有一定的个人或团体负责任，东拉人做文章，西请人投稿，像这“百衲”杂志，实在是没有办的必要，不如拿这人力财力办别的急于要办的事。

裁兵？发财？

裁兵自是人民最希望的事，但像政府现在的办法，实在令人失望得很：（一）查八年度预算案，陆军费在二万万以上，裁兵二成，岁费应该减少四千万元，何以只能减二千万？（二）八年度预算案及路电邮航四政特别会计预算案，每年短少有三万万之多，只节省军费二千万，何济于事？（三）各处军队底空额何止二成，现在只裁二成，便是不裁一兵反可以得一笔裁兵费，岂不是无上妙计？（四）公文上虽然裁去二成，倘再招警备队，每年节省的二千万，是否改个名目，还要政府拿将出来？（五）整顿丁漕，税契，一切杂捐，何以和裁兵做在一篇文章里面？是不是又要借裁兵来横敲人民底骨髓？

学生界应该排斥底日货

中国古代的学者和现代心地忠厚坦白的老百姓，都只有“世界”或“天下”底观念，不懂得什么国家不国家。如今只有一班半通不通自命为新学家底人，开口一个国家，闭口一个爱国，这种浅薄的自私的国家主义爱国主义，乃是一班日本留学生贩来底劣货。（这班留学生别的学问丝毫没有学得，只学得卖国和爱国两种主义。）现在学界排斥日货底声浪颇高，我们要晓得这宗精神上输入的日货为害更大，岂不是学生界应该排斥的吗？

有的人说：国家是一个较统一较完备的社会，国家是一个防止弱肉强食，调剂厉害感情冲突，保护生命财产底最高社会；这都是日本教习讲义上底一片鬼话，是不合天理人情底鬼话，我们断乎不可听这种恶魔底诱惑。全人类底吃饭，穿衣，能哭，能笑，做买卖，交朋友，本来都是一样，没有什么天然界限，就因为国家这个名儿，才把全人类互相亲善底心情上，挖了一道深沟，又砌上一层障壁，叫大家无故地猜忌起来，张爱张底国，李爱李底国，你爱过来，我爱过去，只爱得头破血流，杀人遍地；我看他的成绩，对内只是一个挑拨厉害感情，鼓吹弱肉强食，牺牲弱者生命财产，保护强者生命财产底总机关；对外只是一个挑拨厉害感情，鼓吹弱肉强食，牺牲弱者生命财产，保护强者生命财产底分机关；我们只看见他杀人流血，未曾看见他做过一件合乎公理正义底事。

这个名儿原来是近代——十九世纪后半期更甚——欧洲底军阀财阀造出来欺人自肥底骗术。这种骗术传到日本，日本用他骗了许多人，（日本底平民和朝鲜人中国人都包含在内）中国留学日本底人，现在又想从日本传到中国。其实大战以后，欧洲底明白人已经有了觉悟（参看《新青年》，七，三，《精神独立宣言》），想把这流血的陈年账簿烧去不用了；就是日本也有几个想烧流血账簿底明白人，武者小路先生就是其中底一个；中国人原来没有用这种账簿底习惯，现在想创立一本新的从第一页写起，怎么这样蠢笨！

但是我们对于眼前拿国家主义来侵略别人的日本，怎样处置他呢？我以为应该根据人道主义，爱公理主义，合全人类讲公理不讲强权底人（日本人也包含在内），来扑灭那一切讲强权不讲公理底人（日本人也包含在内），不要拿一国来反对那一国；若是根据国家主义，爱国主义，来排斥日货，来要求朝鲜独立，未免带着几分人类分裂生活的彩色，还是思想不彻底。拿日人来排斥日货，在人类进化史上仍是黑暗的运动，不是光明的运动，我们学生界应当有深一层的觉悟，应当发展在爱国心以上底公共心。至于那连爱国心都没有底奸商奸官，根据个人的私利主义，贩卖日货，贩卖中国米出口给杀中国人底人吃，我不承认他们的见解和我一样。

男系制与遗产制

对于李超女士底事件，（见《新潮》二卷二号）我们可以看出社会制上两大缺点：一是男系制，一是遗产制。

远古乱婚或同姓为婚时代，曾经过女系制（或是母长制）及父母同长制，这是各国社会学者所同认的了。在他们渔猎为生家族初成立底时候，社会上固不尽是男子掌权，家族以内更多半是母长制，这也是自然之理。后来农业发达，人口加增，土地所有权底观念一天深似一天，战争也就多起来了，那战胜的部落把掳来战败的男子为奴，女子为妻。（古代的掳妻 Capture-wife 自然不能和本族的自由妻平等，仿佛和后世的妾相似，后来妾底制度，也是从掳妻变化出来的，所以汉文妾字从立从女，就是罪人底意思。）在社会学上这就叫做“掳妻”或“掠夺婚姻”。又有一种和平的方法，乃是用农产物或家畜交换，这就叫做“买卖婚姻”。因为这两种婚姻制度，女子在家族在社会底地位，自然发生和以前不同底两种现象：一是女子不能和男子平等，一是女子变为个人的私有物。自从女子变为个人的私有物，所以女子底身体便不能归自己所有，在家归父所有，出嫁归夫所有，夫死归夫家或子所有；既是个人的所有物，便和别的动产不动产一般，所以他的物主任意把他毁坏，赠送，买卖，都不发生什么道德的，法律的问题。在家从父，出嫁从夫，夫死从子，这是东方礼教国女教底“三从”大义，也就是男系制完全胜利底正式宣告，也就是女子终身为男子所有底详细说明，铁板注脚，不如此便不算孝女，良妻，贤母。只可惜中国人底三从主义，女子归男子所有主义，还不及匈奴发达；匈奴父死，父底妻和别的财产都归儿子所有。这种从子大义，这种把女子也归在遗产以内一同承袭底制度，比中国人更做得淋漓尽致。

从前在女系制底下的子女，只知有母，不知有父，那遗产自然是男女平分或是专归女子。到了女子专归那一个男子（女子底夫）私有以后，接着许多教主，圣人，都说出一篇男尊女卑底大道理，女子底地位自然渐渐低将下去，自然由女系制变为男系制，由母长制及父母同长制变为完全父长制。同时父子关系也分明了，遗产也自然变为男子专有了。后来宗法观念和家长观念发达起来，长子嫡子底地位又比次子庶子加高，便发生了长子或嫡子承袭爵位底习惯；由这个习惯，一切没有爵位底平民，也模仿他们造成了长子一人承袭遗产底习惯。东洋各民族男系的血族观念，格外发达，女子底地位也格外低，所以宁可以承继旁系的男子，嫡系的女子反没有承袭遗产底权利。

现在已经不是宗法社会，什么男系制、女系制，都是过去的历史问题，不是现在的社会问题，除了几个贱丈夫，自然没有人明目张胆的拿男系制来做道德、法律底标准。至于遗产制度，也应该随着社会底趋势有个应时的改革才好。有一班思想彻底的人，总觉得劳力所得以外，不会有许多正当的财产；就说凡是财产都算是劳力所得，都算是正当，那绝对不劳力的子孙，也没有安坐而得遗产底道理；就勉强说不劳力的子孙所得遗产，是他劳力的先人自由遗赠底权利，也断乎没有嫡系的女子不能承袭遗产，旁系的男子反来可以独霸底道理。这是什么道理，什么法律，我想了三日三夜，也想不出头绪来。

李女士底承继的哥哥，固然是残忍没有"人"的心；但是我以为不能全怪他，我对于社会制度要发两个疑问：

（一）倘若废止遗产制度，除应留嫡系子女成年内教养费以外，所有遗产都归公有，那么李女士是否至于受经济的压迫而死？（二）倘若不用男系制做法律习惯底标准，李女士当然可以承袭遗产，那么是否至于受经济的压迫而死？李女士之死，我们可以说：不是个人问题，是社会问题，是社会底重大问题。

解　放

我们中国人不注重实质上实际的运动，专喜欢在名词上打笔墨官司，这都是迷信名词万能底缘故。

现在大家对于"妇女解放"这个名词也是这样。有人方才主张妇女解放，实际上还没有一点事做出来；又有人并不反对"妇女解放"这个事实，却反对"妇女解放"这个名词，说解放不是自动，辱没了妇女底人格，惹得大家怀疑，慢说实际运动，连口头上也几乎不好说了，这是图什么！

解放就是压制底反面，也就是自由底别名；近代历史完全是解放底历史，人民对君主贵族，奴隶对于主人，劳动者对于资本家，女子对于男子，新思想对于旧思想，新宗教对于旧宗教，一方面还正在压制，一方面要求自由，要求解放，事实本来是这样，何必要说得好听，男子也是如此，并非专门辱没妇女。况且解放重在自动，不只是被动的意思，个人主观上有了觉悟，自己从种种束缚的不正当的思想习惯迷信中解放出来，不受束缚，不甘压制，要求客观上的解放，才能收解放底圆满效果。自动的解放，正是解放底第一义。

我们生在这解放时代，大家只有努力在实际的解放运动上做工夫，不要多在名词上说空话！名词好听不好听，彻底不彻底，没有什么多大关系。在思想转变底时候，道理真实的名词，固然可以做群众运动底共同指针；但若是离开实际运动，口头上的名词无论说得如何好听，如何彻底，试问有什么用处？

我们迷信名词万能，还是八股底余毒。名词若果万能，“共和”这个名词，自然比“专制”“君主立宪”都好听得多，彻底得多，可是中国现在总算有了“共和”这个名词了，实质上实际的效果怎么样？所以我们要觉悟：（一）我们所需要的是理想底实质，不是理想底空名词。（二）我们若要得到理想底实质，必须从实际的事业上一步一步的开步走，一件一件的创造出来；不要睡在空名词圈里，学那变戏法的，把名词当做一种符咒，只是口中念念有词，就梦想他等候他总有一天从空中落下，实现在我们的眼前。空名词固然没有价值，就是他所代表底实质，也只有他本身相当的价值，没有像“万应丸”百病包治的价值；我们被那些“先王之法”“圣人之道”等包含一切金科玉律的空泛名词贻误已久，此后不可再误了。

虚无主义

中国底思想界，可以说是世界虚无主义底集中地。因为印度只有佛教的空观，没有中国老子的无为思想和俄国的虚无主义；欧洲虽有俄国的虚无主义和德国的形而上的哲学，佛教的空观和老子学说却不甚发达。在中国这四种都完全了，而且在青年思想界，有日渐发达的趋势。可怜许多思想幼稚的青年，以为非到一切否定的虚无主义，不能算最高尚最彻底。我恐怕太高尚了要倒下来，太彻底了要漏下去呵！我以为信仰虚无主义的人，不出两种结果：一是性格高尚的人出于发狂，自杀；一是性格卑劣的人出于堕落。一切都否定了，不自杀还做什么？一切都否定了，自己的实际生活却不能否定，所以他们眼里的一切堕落行为都不算什么，因为一切都是虚无。我敢说虚无思想，是中国多年的病根，是现时思想界的危机；我盼望笃行好学的青年，要觉悟到自己的实际生活既然不能否定，别的一切事物也都不能否定；对于社会上一切黑暗、罪恶，只有改造，奋斗，单单否定他是无济于事：因为单是否定他，仍不能取消他实际的存在。

俄国精神

黄任之先生说：中国人现在所需要的，是将俄国精神，德国科学，美国资本这三样集中起来。我以为我们倘能将俄国精神和德国科学合而为一，就用不着美国资本了，但是中国人此时所最恐怖的是俄国精神，所最冷淡的是德国科学，所最欢迎的只有美国资本！

男女同校与议员

男女同校本来是一件很平常的事，在理论上简直用不着讨论。上海大同学院是首先实行的了；北京大学收容女生，就是腐败的教育部也居然许可了；现在南京高等师范也打算收女生（听说“苏社”底首领很反对这件事，南京底教职员因此有点迟疑；我劝南京教职员勿为谣言所惑，因为“苏社”诸君总不至像安福部那样横霸），可见男女同校，在中国也已经成了事实了。但是广东、浙江、江苏什么省议会，都提出什么禁止男女同校的议案。哼！议员议员！尔等恶也做够了，人民厌恶尔等也到了极点，何必又闹笑话！

上海社会

上海社会，分析起来，一大部分是困苦卖力毫无知识的劳动者；一部分是直接或间接在外国资本势力底下讨生活的奸商，一部分是卖伪造的西洋药品卖发财票的诈欺取财者；一部分是淫业妇人；一部分是无恶不作的流氓，包打听，拆白党；一部分是做红男绿女小说，做种种宝鉴秘诀，做冒牌新杂志骗钱的黑幕文人和书贾；一部分是流氓政客；青年有志的学生只居一小部分——处在这种环境里，仅仅有自保的力量，还没有征服环境的力量。

像上海这种龌龊社会，居然算是全中国舆论底中心，或者更有一班妄人说是文化底中心；上海社会若不用猛力来改造一下，当真拿他做舆论和文化底中心，那末，中国底舆论和文化可真糟透了；因为此时的上海社会，充满了无知识利用奸诈欺骗的分子，无论什么好事，一到了上海，便有一班冒牌骗钱的东西，出来鬼混。

流氓式的政客，政客式的商会工会底利用手段更是可厌，我因此联想到国民大会如果开得成，总以不在上海开会为宜。

比较上更实际的效果

"不劳而获"，自然是不好的观念；劳而不获，也不是正当办法；最好是用劳力去求那比较上更实际的效果。例如：与其提倡废姓，不如提倡名号统一；与其提倡女子剪发，不如提倡女子放足及解放胸部底束缚；与其邀集朋友办杂志，不如邀集朋友设读书会；与其高谈无政府主义，社会主义，不如去做劳动者教育和解放底实际运动；与其空谈女子解放，不如切切实实谋女子底教育和职业。

再论上海社会

从前做黑幕一类的小说，不用说是为了金钱主义；世界上弄钱的法子很多，做这种小说来弄钱已经是有点黑心了。现在因为黑幕的生意不大好，摇身一变来做新思潮的杂志骗钱，外面挂着新文化的招牌，里面还是卖黑幕一类的货；上海骗钱的法子很多，拿这种法子来骗钱来糟蹋新文化，更加是黑心到了极点了。

从前贪官奸商合起来运米出洋，不用说是为了金钱主义；世界上弄钱的法子很多，运米出洋好叫自己发财穷人吃贵米，已经是有点黑心了。现在因为贩米出洋受人唾骂，换一个法子来办平粜局，就由这平粜局运米出洋（详见八月二十六日上海《时事新报》本埠时事栏），上海骗钱的法子很多，拿这种法子来骗钱来造成米荒，更加是黑心到了极点了。

你们提倡新文化反对黑幕，我就挂起新文化招牌来卖黑幕；你们提倡办平粜反对运米出洋，我就挂起平粜招牌来运米出洋；这种巧计，可比《三国演义》上的诸葛先生还要厉害。因此推论，打着“毋忘国耻”的招牌卖日货，打着社会主义的招牌拥护军阀官僚，也是意中事。所以什么觉悟，爱国，利群，共和，解放，强国，卫生，改造，自由，新思潮，新文化等一切新流行的名词，一到上海便仅仅做了香烟公司，药房，书贾，彩票行底利器。呜呼！上海社会！

学说与装饰品

本来没有推之万世而皆准的真理，学说之所以可贵，不过为他能够救济一社会一时代弊害昭著的思想或制度。所以详论一种学说有没有输入我们社会底价值，应该看我们的社会有没有用他来救济弊害的需要。输入学说若不以需要为标准，以旧为标准的，是把学说弄成了废物；以新为标准的，是把学说弄成了装饰品。譬如我们不懂适者生存底道理，社会向着退化的路上走，所以有输入达尔文进化论底需要；我们的文学，美术，都偏于幻想而至于无想了，所以有输入写实主义底需要；我们士大夫阶级断然是没有革新希望的，生产劳动者又受了世界上无比的压迫，所以有输入马克思社会主义底需要：这些学说底输入都是跟着需要来的，不是跟着时新来的。这些学说在社会上有需要一日，我们便应该当做新学说鼓吹一日；比这些更新的学说若在社会上有了输入底需要，我们当然是欢迎他；比这些更旧的学说若是在社会上有存留底需要，我们不应该唾弃他。现在有许多人说，达尔文底学说，写实主义自然主义底文艺，马克思底社会主义，都是几十年前百年前底旧学说，都有比他们更新的，他们此时已经不流行不时髦了。这种论调完全把学说当做装饰品，学说重在需要，装饰品重在时新，这两样大不相同呵！

懒惰的心理

改造社会自然应该从大处着想，自然应该在改革制度上努力，如此我们的努力才是经济的，但是不可妄想制度改革了样样事便立刻会自然好起来。只可说制度不改，我们的努力恐怕有许多是白费了，却不可说制度改了，我们便不须努力。无论在何种制度之下，人类底幸福，社会底文明，都是一点一滴地努力创造出来的，不是像魔术师画符一般把制度改了，那文明和幸福就会从天上落下来。怀这种妄想的人就是人类懒惰的心理底表现。

例如中国辛亥革命后，大家不去努力创造工业，不去努力创造教育，不去努力创造地方自治，不去努力监督选举，不去努力要求宪法上的自由权利，妄想改了共和就会自然有一步登天的幸福；又如俄罗斯十月革命以来，大家不想想他在这短期间，除了抵抗内外仇敌及大饥馑，他所努力创造的只应该到何程度，便无理地责备他的成绩；这都是人类懒惰的心理底表现。

我们现在及将来的改革倘不排除这种心理，定会要失败的。据我所知道的：北京工读互助团以为他们是新思想新制度底产物，便不须照旧式工商业那样努力那样竞争，他们便因此失败了；某处有一消费合作社，他们以为合作社是新的理想新的制度，不需要从前的营业技术，他们便因此失败了；有好几处学生贩卖部，他们以为是传播新文化底机关，不必采用营业的麻烦手续，连出入账目都随随便便不去用力弄清楚，他们便因此失败了。我看照这些同样不努力的懒惰的空想，都没有不失败的。

此外我们时常有“彻底”“完全”“根本改造”“一劳永逸”一些想头，也就是这种懒惰的心理底表现。人类社会底进化决不是懒惰者所想象的那样简单而容易。

社会的工业及有良心的学者

中国急需发达工业，但同时必须使重要的工业都是社会的不是私人的，如此中国底改革才得的着西洋工业主义的长处，免得他们那样由资本主义造成经济危殆的短处。中国急需学者，但同时必须学者都有良心，有良心的学者才能够造成社会上真正多数人的幸福。我们敬爱一个诚实的农夫或工人过于敬爱一个没良心的学者。这班学者脑子里充满了权门及富豪底肮脏东西，他们不以为耻辱，还要把那些肮脏东西列入学理之内，他们那曲学阿世底罪恶助成了权门富豪底罪恶都一件一件写在历史上，我们不曾忘记呵！

劳动者底知识从哪里来？

日本贺川丰彦先生（贺川先生是一位有良心的学者，他住在神户底贫民窟里十几年，专门出力帮助贫民，前两个月曾来上海调查中国之贫民窟。）在大贩劳动问题讲演会曾说："在今日资本家制度的社会，金钱比生命还要贵重。资本家因为致富不惜牺牲劳动者底生命。大正六年算是最隆盛时代，然全国增加了医生五万人，看护妇六万人，而人口死亡率还是增加。"又说："据文部省研究调查，十五万小学生中，贫民子弟底平均身长，男的矮一寸，女的矮一寸五分，食物不足的人，身长及知识都不能发达。第一要叫他们食物充足呵！社会若不叫他们的食物充足，有非难劳动者无知识底权利吗？"我盼望主张工人缺乏知识不能增加工资之人，都注意贺川先生所举的事实！

三论上海社会

上海社会除了龌龊分子以外，好的部分也充满了戴季陶先生所谓曼且斯特的臭味。偌大的上海竟没有一个培养高等知识的学校，竟没有一个公立的图书馆，到处都是算盘声，铜钱臭。近来不但是曼且斯特的臭味充满了，拜金主义的国里纽约的臭味也加进来了。而且这种纽约的臭味在上海大时髦而特时髦；他们分明是不过为自己为资本家弄了几个铜钱，而偏偏自谓是在中国实业上贡献了许多文化。杜威、罗素来了，他们都当做福开森、朱尔典、拉门德一样欢迎，而且引为同调（硬说罗素劝中国人保存国粹）大出风头，（屡次声明罗素是某人请来的）；但是杜威反对形式教育底话和罗素反对资本主义底话，他们都充耳不闻，却和杜威、罗素这班书迂子谈起什么中、美，中、英邦交问题来了。罗素初到上海，在大东欢迎席上就有人在演说中替商务印书馆登了一段卖书底广告。我们一方面固然赞叹商务印书馆底广告术十分神奇，一方面可是觉得曼且斯特、纽约两种臭味合璧的上海社会实在唐突学者！

四论上海社会

上海社会是哪一种人最有势力？从表面上看来，政治的经济的大权不用说都在西洋人手里，但社会底里面却不尽然。大部分工厂劳动者，全部搬运夫，大部分巡捕，全部包打听，这一大批活动力很强的市民都在青帮支配之下。去年学生运动时的大罢工已经显出他们的威信。他们的组织，上海没有别的团体能比他大，他们老头子的命令之效力强过工部局。他们所做的罪恶实在不少，上海底秩序安宁可以说操在他们的手里。他们的团结是跟着物质上生活需要自然发生的，决不能够全由政治法律底力量任意将他消灭下去。消灭他们之根本办法，惟有使各业工会在法律上都公然成立，并且使工会底权力能够容纳他们，团结他们，能够应他们物质上的生活需要，他们的秘密团结自然会消灭下去。在这一点看起来，上海工会发达不发达，不仅是劳动界利害问题，简直是上海全社会治安问题。

劳工神圣与罢工

常常听见人说：你们一方面提倡劳工神圣，一方面又提倡罢工或提倡减少工作时间，岂不是自相矛盾吗？像这种头脑不清的说话，一班头脑不清的人或者以为很有道理。但是要晓得我们所崇拜的劳工神圣，是说劳动者为社会做的工——即全社会所享用的衣食住及交通机关——是神圣事业，不是说劳动者拼命替资本家增加财产是神圣事业。为资本家做工是奴隶事业，为社会做工是神圣事业，头脑清楚的人应该懂得这个区别。我们提倡罢工或减少工作时间，正因为现时生产制度下的奴隶事业玷辱了“劳工神圣”这四个字。可见提倡罢工或减少工作时间和提倡劳工神圣是一致的，不是矛盾的。我盼望社会上要把这个道理弄清楚，免得思想新的资本家又来假劳工神圣的名义欺骗劳动者，替他拼命做工。

主义与努力

我们行船时，一须定方向，二须努力。不努力自然达不到方向所在，不定方向将要走到何处去？

我看见有许多青年只是把主义挂在口上不去做实际的努力，因此我曾说："我们改造社会是要在实际上把他的弊病一点一滴一桩一件一层一层渐渐的消灭去，不是用一个根本改造底方法，能够叫他立时消灭的。"又曾说："无论在何制度之下，人类底幸福，社会底文明，都是一点一滴地努力创造出来的，不是像魔术师画符一般把制度改了，那文明和幸福就会从天上落下来。"这些话本是专为空谈主义不去努力实行的人而发的，譬如船夫只定方向不努力，船如何行得，如何达到方向所在。

但现在有一班妄人误会了我的意思，主张办实事，不要谈什么主义，什么制度。主义制度好比行船的方向，行船不定方向，若一味盲目的努力，向前碰在礁石上，向后退回原路去都是不可知的。

我敢说，改造社会和行船一样，定方向与努力二者缺一不可。

"教学者如扶醉人，扶得东来西又倒"，这话真是不错。

革命与作乱

我们为什么要革命？是因为现在社会底制度和分子不良，用和平的方法改革不了才取革命的手段。革命不过是手段不是目的，除旧布新才是目的。若是忘了目的，或是误以手段为目的，那便大错而特错。政治革命是要出于有知识有职业的市民，社会革命是要出于有组织的生产劳动者，然后才有效果。若是用金钱煽动社会上最不良的分子（无职业不生产的流氓地痞盗贼）来革命，这种无目的之革命，不能算革命，只能算作乱。革命底目的是除旧布新，是要革去旧的换新的，是要从坏处向好处革，若用极恶劣的分子来革命，便是从好处向坏处革了；那么，我们为什么要革命？

革命是神圣事业，是不应该许社会上恶劣分子冒牌的呀！

虚无的个人主义及任自然主义

上海《时事新报》上所载 P.R. 君那篇“世界改造原理”，简直是梦话，简直是渔猎社会以前之人所说的。人类自有二人以上之结合以来，渐渐社会的发达至于今日，试问物质上精神上哪一点不是社会底产物？哪一点是纯粹的个人的？我们常常有一种特别的见解和一时的嗜好，自以为是个性的，自以为是反社会的，其实都是直接间接受了环境无数的命令才发生出来的，认贼作子我们哪能够知道！即如 P.R. 君所谓“不听命于人”之理想，当真是他个人的理想，绝对未曾听命于人吗？不但个人不能够自己自由解放，就是一国体也不能够自由解放，福利那以来之新村运动及中国工读互助团便因此失败了。不但一团体不能够自由解放，就是一国家也不能够自由解放，罗素先生所以说俄罗斯单独改革有点危险。不但物质上如此，精神上也是如此。譬如妇女殉夫他自以为个人道德是应该如此的，又如我们生在这资本制度社会里的人，有几个人免了掠夺底罪恶，这种可怕的罪恶是个人能够自由解放的吗？除了逃到深山和社会完全隔绝，决没有个人存在之余地。我所以说 P. R. 那篇文章是梦话，是渔猎社会以前之人所说的。

至于他反对一切建立一个主义的改造，我试问他反对一切建立一个主义，是否也是一种主义？他主张个人物质的及精神的方面完全解放以后再改造，是否也是一种主义？他所希望的人人各得其所的理想世界，他所希望的干干净净的人生，是否也是一种主义？我们若是听命于他的这种无信仰无归宿之改造，是否也要“深入一层地狱不能自由超拔的反于本来大路上去”，是否也是“人类听命于人的改造”方法，是否也要“弄得非常紊乱无限苦恼，造罪作恶总不了悟”呢？

我们中国学术文化不发达，就坏在老子以来虚无的个人主义及任自然主义。现在我们万万不可再提议这些来贻害青年了。因为虚无的个人主义及任自然主义，非把社会回转到猿人时代不可。我们现在的至急需要，是在建立一个比较最适于救济现社会弊病的主义来努力改造社会；虚无主义及任自然主义，都是叫我们空想，颓唐，紊乱，堕落，反古。

提高与普及

一国底学术不提高固然没有高等文化，不普及那便是使一国底文化成了贵族的而非平民的，这两样自然是不能偏废。适之先生对于大学生主张程度提高，理论上自然是正当，别人驳他的话，我看都不十分中肯。我对于这个问题有两种感想：

（一）大学程度固然要提高，同时也要普及，提高而普及的方法，就是全国多设大学，各大学中多收绝对不限资格的自由旁听生。学术界自然不能免只有极少数人享有的部分，但这种贵族式的古董式的部分，总得使他尽量减少才好。

（二）专就北京大学学生而论，现在低的还没有，如何去提高？我觉得眼前不必急于提高，乃急于实实在在的整顿各科底基础学。历来北大底毕业生有几个能自由译读西文参考书的，有几个基础的普通科学习得完备的？蔡孑民先生到北大以后，理科方面并不比从前发展，文科方面号称发展一点，其实也是假的，因为没有基础学的缘故。没有基础学又不能读西文书，仍旧拿中国旧哲学旧文学中昏乱的思想，来高谈哲学文学，是何等危险！我劝适之先生别高谈什么提高不提高，赶快教朱谦之、易家钺一流学生多习点基础科学，多读点外国文，好进而研究有条理的哲学，好医医他们无条理的昏乱思想罢！

我这两种感想适之先生以为如何？

无意识的举动

倒军阀，我们是赞成的，但是倒一军阀成一军阀，实在是无意识的举动。战争我们虽然不绝对的反对，但是无主义的地盘战争，实在是无意识的举动。各省自治运动我们也很赞成，但是混合一班腐败官僚，安、政余孽，烂污政客，警察侦探，运动省自治，实在是无意识的举动。广州人赶去一班政客官僚，我们固然很赞成，但是他们又迎去一班政客官僚，实在是无意识的举动。各地学生排日货，我们固然不反对，但是去年天津学生今年河南学生强迫贩卖日货商人游街，实在是无意识的举动。政局统一，我们也不反对，但是赞成现政府统一中国，实际上就是日本间接的统一中国，实在是无意识的举动。

文化运动与社会运动

文化运动与社会运动本来是两件事，有许多人当做是一件事，还有几位顶刮刮的中国头等学者也是这样说，真是一件憾事！

文化运动底内容是些什么呢？我敢说是文学，美术，音乐，哲学，科学，这一类的事。

社会运动底内容是些什么呢？我敢说是妇女问题，劳动问题，人口问题，这一类的事。

这两类事底内容分明是不同的，硬要把他们混为一谈，岂非怪事吗?

文学美术里面，也许有人喜欢加上一点社会化的色彩，描写到妇女问题和劳动问题，从事社会运动的人，也许要很留意文学美术哲学科学做他们社会运动底工具；但这两类事业底本身，仍然是两件事，不可并为一说。或者有人一方面从事文化运动，一方面又从事社会运动，这只可以说一个人兼做两类的事，不可以说这两类事是一类。

有一班人以为从事文化运动的人一定要从事社会运动，其实大大的不然，一个人若真能埋头在文艺科学上做工夫，什么妇女问题，劳动问题，闹得天翻地覆他都不理，甚至于还发点顽固的反对议论，也不害在文化运动上的成绩。又有一班人以为社会运动就是文化运动，这更是大错而特错，试问妇女问题，劳动问题，在文艺科学上有何必然的连带价值?并不是我们看轻了社会运动，只因为他和文化运动是两件事，我们不能说在社会运动有成绩的人在文化运动也有成绩，也和我们不能说在文化运动有成绩的人在社会运动也有成绩是一样。以上两种人的误会，都是因为不明白文化运动和社会运动是两件事。

又有一班人并且把政治，实业，交通，都拉到文化里面了，我不知道他们因为何种心理看得文化如此广泛至于无所不包?若再进一步，连军事也拉进去，那便成了武化运动了，岂非怪之又怪吗！

政治，实业，交通，都是我们生活所必需，文化是跟着他们发达而发生的，不能说政治实业交通就是文化。这个道理罗素在北京演讲的《社会结构学》里面有一段说得很清楚，现在录在下面：

什么叫做文明，其定义可以说是要求生存竞争上不必要的目的——生存竞争范围以外之目的。古代文明，第一次发源于埃及、巴比伦，大河出口之处，地土膏腴，宜于农作，由农业发生文明……在膏腴的地方，如长江、黄河底下游，一人工作出来的不止供给一人底需要，于是少数人得着闲暇，可以从事知识思想的生活，如文字，算术，天文等，均为后世文明底基本；但在这时候虽有少数人从事文明事业，其大多数人作工还非一天到晚劳苦不可，科学，哲学，美术，固然也有人注意，但只是少数幸运的人；在实业发达时代，生产必需品既然增加，要多少就有多少，一人只要每天四小时作工，余剩的就可以从事知识思想的生活了。

创造文化，本是一民族重大的责任，艰难的事业，必须有不断的努力，决不是短时间可以得着效果的事。这几年不过极少数的人在那里摇旗呐喊，想造成文化运动底空气罢了，实际的文化运动还不及九牛之一毛，那责备文化运动底人和以文化运动自居底人，都未免把文化太看轻了。

最不幸的是一班有速成癖性的人们，拿文化运动当做改良政治及社会底直接工具，竟然说出“文化运动已经有两三年了，国家社会还是仍旧无希望，文化运动又要失败了”的话，这班人不但不懂得文化运动和社会运动是两件事，并且不曾懂得文化是什么。

中国式的无政府主义

我近几年来细细研究我中华民族种种腐败堕落到人类普通资格之水平线以下，我的惭愧，悲愤，哀伤，常常使我不肯附和一般新旧谬论。

我敢大胆宣言：非从政治上，教育上，施行严格的干涉主义，我中华民族底腐败堕落将永无救治之一日；因此我们唯一的希望，只有希望全国中有良心，有知识，有能力的人合作起来，早日造成一个名称其实的“开明专制”之局面，好将我们从人类普通资格之水平线以下救到水平线以上。

施行这严格的干涉主义之最大障碍，就是我们国民性中所含的懒惰放纵不法的自由思想；铸成这腐败堕落的国民性之最大原因，就是老、庄以来之虚无思想及放任主义。

近来青年中颇流行的无政府主义，并不完全是西洋的安那其，我始终认定是固有的老、庄主义复活，是中国式的无政府主义，所以他们还不满于无政府主义，更进而虚无主义，而出家，而发狂，而自杀；意志薄弱不能自杀的，恐怕还要一转而顺世堕落，所以我深恶痛绝老、庄底虚无思想放任主义，以为是青年底大毒。

《民国日报》《觉悟》上，太朴答存统的信中说：“我相信中央集权的政治组织与中国的国民性不能容；马氏主义是中央集权，故我不信其能实行。”又说：“中国底国民性既不容中央集权的政治组织，而中国底社会情形又向来是无政府已惯的，所以一旦要行起劳农政治，要组织强有力的中央机关，我真不知其可也！”又说：“我是中国式的无政府主义者。”

太朴先生这几句话诚然不错，但我以为若要迁就中国国民性和社会情形而不加以矫正，只有袁世凯、张勋一班人绝对赞成罢；因为袁、张都正是口口声声根据国民性和社会情形发挥他们的主张呵！

我发誓宁肯让全国人骂我，攻击我，压迫我，而不忍同胞永远保存这腐败涣散的国民性，永远堕落在人类普通资格之水平线以下。

下品的无政府党

我前次所说中国式的无政府主义即虚无主义的无政府党，在中国读书人中还总算是上品；其余那一班自命为无政府党的先生们：投身政党的也有，做议员的也有，拿干俸的也有，吃鸦片烟的也有，冒充人家女婿的也有，对人说常同吴稚晖先生在上海打野鹅的也有，做陆军监狱官的也有，自称湖南无政府党先觉到处要人供给金钱的也有，以政学会诬人来谋校长做的也有，书已绝版尚登广告劝人寄钱向他购买的也有，谋财杀害嫂子的也有，可以说形形色色无奇不有了。

吴稚晖先生说："什么无政府党，简直是拆白党！"

沈玄庐先生说："传播一种主义，为现社会所嫉视的；或单独施行一种牺牲生命的行为给社会群众一个暗示：这是何等简单纯洁的行为。勇于群众所不敢做的事，拿躯体做了肉弹，在己身一无所图而给昏迷的群众一个大大的暗示，尤为难能可贵。群众中间，亦须万人中得一二这样的分子，无论旧势力怎样严重的压迫，没有不崩溃的。可是这类的动作，是沉默中的迅雷，是立体的事实，决不是被雇佣或鼓吹别个人去做的事。现在居然有几个人把手枪炸弹挂在口头，印上纸面，做传播主义的锋头；这些不实的平面的空谈，拿来吓死老鼠都无用，打算骗哪个人呢？如果说这也是一种鼓吹，希望别一个人去实行，这种叫人家去放火，自己立在隔岸做指挥者，事成，居了功；事败，免得祸；这是什么心理？"

"现在有几个人，既不是过资本生活，又不做工银劳动，据他们的主张是'传播主义，维持生活'。在操行清洁的，未尝不像一个沿门托钵的苦行僧；只是藉传播主义来维持生活，就活现一个择肥而噬的拆白党。依我个人当面接受到的口吻，公然有无论取到哪一个人底财货，就算是'光复'的。分明不是生产的劳动者，却把生产劳动者该说的话该做的事也横领了来，掠夺的手段，几乎驾在资本家之上。一面还要反对劳工专政，这又是什么心理呢？‘你的就是我的，我的还是我的’，社会上为这些人下了这种标语，这又是克鲁泡特金《互助论》例外的人，更是托尔斯泰对他无抵抗的人物，尤其是马克思阶级争斗史中变态的产儿。这几个人，常常自命为‘万国政府所不容’，幸而资本主义底国家和政府存在，一般人因为正在起阶级仇视底思潮，不注意到这些少数变态的拆白党身上去，如果经济制度革了命，哪里有他们的立脚地！”

青年底误会

“教学者如扶醉人，扶得东来西又倒。”现代青年底误解，也和醉人一般。你说要鼓吹主义，他就迷信了主义底名词万能。你说要注重问题，他就想出许多不成问题的问题来讨论。你说要改造思想，他就说今后当注重哲学不要科学了。你说不可埋头读书把社会公共问题漠视了，他就终日奔走运动把学问抛在九霄云外。你说婚姻要自由，他就专门把写情书寻异性朋友做日常重要的功课。你说要打破偶像，他就连学行值得崇拜的良师益友也蔑视了。你说学生要有自动的精神，自治的能力，他就不守规律，不受训练了。你说现在的政治法律不良，他就妄想废弃一切法律政治。你说要脱离家庭压制，他就抛弃年老无依的母亲。你说要提倡社会主义，共产主义，他就悍然以为大家朋友应该养活他。你说青年要有自尊底精神，他就目空一切，妄自尊大，不受善言了。你说反对资本主义的剩余劳动，他就不尊重职务观念，连非资本主义的剩余劳动也要诅咒了。你说要尊重女子底人格，他就将女子当做神圣来崇拜。你说人是政治的动物不能不理政治，他就拿学生团体底名义干预一切行政司法事务。你说要主张书信秘密自由，他就公然拿这种自由做诱惑女学生底利器。长久这样误会下去，大家想想是青年底进步还是退步呢?

反抗舆论的勇气

舆论就是群众心理底表现，群众心理是盲目的，所以舆论也是盲目的。古今来这种盲目的舆论，合理的固然成就过事功，不合理的也造过许多罪恶。反抗舆论比造成舆论更重要而却更难。投合群众心理或激起群众恐慌的几句话往往可以造成力量强大的舆论，至于公然反抗舆论便不是一件容易的事了。然而社会底进步或救出社会底危险，都需要有大胆反抗舆论的人，因为盲目的舆论大半是不合理的。此时中国底社会里正缺乏有公然大胆反抗舆论的勇气之人!

过渡与造桥

今人多言过渡时代，我以为这名词还不大妥，因为有个彼岸才用渡船渡过去，永续不断的宇宙人生，简直是看不见彼岸或竟实无彼岸的茫茫大海，我们生存在这大海中之一切努力，与其说是过渡，不如说是造桥。自古迄今人人不断的努力，都像是些工程师和小工在那里不断的造桥。这座桥虽然还没有完工的希望，或者永无完工的希望，但是从古到今已造成的部分却是可以行人，并非劳而无功。我们今后若是不想双脚蹈海，若是还想在桥上行走，只有接续前人工程努力造桥，使这桥一天长似一天，行人一天方便一天；不但天天要把未造的延长，而且时时要把已造的修整，不可妄想一劳永逸，更不应因一时不见彼岸而灰心。或者可以说，这桥渐渐造的又长又阔，能容大家行车跑马，又架上楼阁亭台，这桥便是彼岸，此外更无所谓彼岸。

卑之无甚高论

高论倘能救世，孔、孟之称仁说义早已把世界弄好了。

罗素离中国最后的演讲“中国人到自由之路”里面说：“中国最要紧的需要是爱国心底发达，而于有高等智识足为民意导师的尤为要紧。”这句话恐怕有许多高论家骂他不彻底，更要责备他和从前热心主张的世界主义反背了。我独以为这正是对中国人很适当的卑之无甚高论。他又说：“希望在极短促的期间，把精神分播到民间去，实是痴想。但是改革之初，需有一万彻底的人，愿冒自己生命的牺牲，去制驭政府，创兴实业，从新建设。”这句话恐怕有许多高论家骂他提倡少数人专政。我也以为这正是对中国人很适当的卑之无甚高论。

中国人民简直是一盘散沙，一堆蠢物，人人怀着狭隘的个人主义，完全没有公共心，坏的更是贪贿卖国，盗公肥私，这种人早已实行了不爱国主义，似不必再进以高论了。

一国中担任国家责任的人自然是越多越好，但是将这重大的责任胡乱放在毫无知识，毫无能力，毫无义务心的人们肩上，岂不是民族的自杀！中国此时不但全民政治是无用的高论，就是多数政治也是痴想，若照中国多数人底意思，还应该男子拖下辫子，女子包起小脚，吃鸦片，打麻雀，万事都由真命天子做主。这种事实决不是高论能够掩住使我们可以不承认的。

吴稚晖先生说："现在只好令列宁杀了我们，然后我们再杀列宁。"我想吴先生这种卑之无甚高论的论调，不专为老腐败而发，也并为一般自命为觉悟的青年而发。

可怜我们中国幼稚的产业和幼稚的教育逼迫着我不得不鼓起勇气说句实话："卑之无甚高论。"

我希望不愿意民族的自杀之人，勿闭起眼睛妄发不认事实自欺欺人的高论！

革命与制度

社会底进步不单是空发高论可以收效的，必须有一部分人真能指出现社会制度底弊病，用力量把旧制度推翻，同时用力量把新制度建设起来，社会才有进步。力量用得最剧烈的就是革命。革命不是别的，只是新旧制度交替底一种手段，倘革命后而没有新的制度出现，那只算是捣乱、争权利、土匪内乱，不配冒用革命这个神圣的名称。若说制度总不是好东西，不如根本革了他的命，这种高论或者有人以为如此才算彻底，其实旧制度正可藉这种高论苟延残喘。因为凡是一种制度，都有他所以成立的理由和成立经过在历史上的势力，非有一种新的制度经过人们努力建设，成了舆论，成了法律，在事实上有代替他的势力，他是不会见了高论，便自然消灭的。所以不切于实际需要的高论往往可以做旧制度底护身符，这种高论只算是低论罢了。

政治改造与政党改造

“人是政治的动物”，政治只可以改造变形，要说人类可以绝对不要政治，这话此时还没有证据。既然有政治便不能无政党，政党只可以改造，要说政治可以绝对不要政党，这话此时也还没有证据。无论是有产阶级的政党或无产阶级的共产党，凡是直接担负政治责任之团体，似乎都算是政党。一般人民虽然都有选举被选举权，但实际上被选举的究竟多是政党；一般人民虽然都有参与政治的权利，但实际上处理政务直接担负政治责任的究竟还是政党。所以政党不改造，政治决没有改造底希望。

有产阶级各政党底过去的成绩，造谣，倾陷，贿卖，假公肥私，争权夺利，颠倒是非，排斥异己，不分东方西方都在百步五十步之间。以这班狐群狗党担负政治的责任，政治岂有不腐败之理。有人说，在有产阶级的政治之下，由金力造成的政党，这种现象是必然的，是无法改造的，只有以共产党代替政党，才有改造政党底希望。我以为共产党底基础建筑在无产阶级上面，在理论上，自然要好过基础建筑在有产阶级上面用金力造成的政党；但是天下事“无征不信，不信民弗从”，旧政党底腐败诚然是信而有征，新的共产党究竟如何，全靠自己做出证据来才能够使人相信啊！

罗素在《中国人到自由之路》里说：“改革之初，需有一万彻底的人，愿冒自己性命的牺牲，去制驭政府，创兴实业，从新建设。这类人又须诚实能干，不沾腐败习气，工作不倦，肯容纳西方的长处，而又不像欧、美人做机械的奴隶。”又说：“中国政治改革，决非几年之后就能形成西方的德谟克拉西。……要到这个程度，最好经过俄国共产党专政的阶级。因为求国民底智识快点普及，发达实业不染资本主义的色彩，俄国式的方法是唯一的道路了。”

罗素这两段话，或者是中国政党改造底一个大大的暗示。

政党是政治底母亲，政治是政党的产儿，我们与其大声疾呼“改造政治”，不如大声疾呼“改造政党”！

旧思想与国体问题

——在北京神州学会讲演

今日本会开讲演会，适遇国会纪念日，鄙人不觉发动一种感想，所以选择此题。鄙人感想非他，即现今之国会非君主国的国会，乃共和国的国会。方才李石曾先生演说《学术之进化》有云："政治进化的潮流，由君主而民主，乃一定之趋势，吾人可以怀抱乐观。"鄙人以为李先生的理论，固然不错，但是鄙人对于我国现在情形，总觉得共和国体，有无再经一次变动，却不能无疑。

自从辛亥年革命以来，我国行了共和政体好几年，前年筹安会忽然想起讨论国体问题，在寻常道理上看起来，虽然是很奇怪，鄙人当时却不以为奇怪。袁氏病殁，帝制取消，在寻常道理上看起来，大家都觉得中国以后帝制应该不再发生，共和国体算得安稳了，鄙人却又不以为然。

鄙人怀着此种意见，不是故意与人不同，更不是倾心帝制舍不得抛弃，也并不是说中国宜于帝制不宜于共和，只因为此时，我们中国多数国民口里虽然是不反对共和，脑子里实在装满了帝制时代的旧思想，欧美社会国家的文明制度，连影儿也没有，所以口一张，手一伸，不知不觉都带君主专制臭味。不过胆儿小，不敢像筹安会的人，堂堂正正的说将出来。其实心中见解，都是一样。

袁世凯要做皇帝，也不是妄想，他实在见得多数民意相信帝制，不相信共和，就是反对帝制的人，大半是反对袁世凯做皇帝，不是真心从根本上反对帝制。

数年以来，创造共和再造共和的人物，也算不少。说良心话，真心知道共和是什么，脑子里不装着帝制时代旧思想的，能有几人？西洋学者尝言道："近代国家是建设在国民总意之上。"现在袁世凯虽然死了，袁世凯所利用的倾向君主专制的旧思想，依然如故。要帝制不再发生，民主共和可以安稳，我看比登天还难！

如今要巩固共和，非先将国民脑子里所有反对共和的旧思想，一一洗刷干净不可。因为民主共和的国家组织社会制度伦理观念，和君主专制的国家组织社会制度伦理观念全然相反，——一个是重在平等精神，一个是重在尊卑阶级——万万不能调和的。若是一面要行共和政治，一面又要保存君主时代的旧思想，那是万万不成。而且此种"脚踏两只船"的办法，必至非驴非马，既不共和，又不专制，国家无组织，社会无制度，一塌糊涂而后已！

现在中华民国的政治人心，就是这种现象：

分明挂了共和招牌，而政府考试文官，居然用"上天下泽，履君予以辨上下，定民志”，“百姓足，君孰与不足”和“学则三代共之，皆所以明人伦也，人伦明于上，小民亲于下”为题。不知道辨的是什么上下？定的是什么民志？不知道共和国家何以有君？又不知道共和国民是如何小法？孟子所谓人伦，是指忠君孝父从夫为人之大伦。试问民主共和的国家组织社会制度伦理观念，是否能容这“以君统民，以父统子，以夫统妻”不平等的学说？

分明挂了共和招牌，而国会议员居然大声疾呼，定要尊重孔教。按孔教的教义，乃是教人忠君，孝父，从夫。无论政治伦理，都不外这种重阶级尊卑三纲主义。孟子道：“孔子成《春秋》，而乱臣贼子惧。”荀子道：“礼有三本：天地者，生之本也，先祖者，类之本也；君师者，治之本也。”董仲舒道：“《春秋》之法，以人随君，以君随天。”这都是孔教说礼尊君的精义。若是用此种道理做国民的修身大本，不是教他拿孔教修身的道理来破坏共和，就是教他修身修不好，终久要做乱臣贼子。我想主张孔教加入宪法的议员，他必定忘记了他自己是共和民国的议员，所议的是共和民国的宪法。与其主张将尊崇孔教加入宪法，不如爽快讨论中华国体是否可以共和。若一方面既然承认共和国体，一方面又要保存孔教，理论上实在是不通，事实上实在是做不到。

分明挂了共和招牌，而学士文人，对于颂扬功德铺张宫殿田猎的汉赋，和那思君明道的韩文杜诗，还是照旧推崇。

偶然有人提倡近代通俗的国民文学，就要被人笑骂。一般社会应用的文字，也还仍旧是君主时代的恶习。城里人家大门对联，用那“恩承北阙”“皇恩浩荡”字样的，不在少处。乡里人家厅堂上，照例贴一张“天地君亲师”的红纸条，讲究的还有一座“天地君亲师”的牌位。

这腐旧思想布满国中，所以我们要诚心巩固共和国体，非将这班反对共和的伦理文学等等旧思想，完全洗刷得干干净净不可。否则不但共和政治不能进行，就是这块共和招牌，也是挂不住的。

若是一旦帝制恢复，蔡孑民先生所说的“以美术代宗教”，李石曾先生所说的“近代学术之进化”，张佛泉先生所说的“新道德”，在政治上是“叛徒”，在学术上是“异端”，名种学问，都没有发展的余地，贵学会还有甚么学问可讲呢？

今日中国之政治问题

本志（《新青年》）同人及读者，往往不以我谈政治为然。有人说：我辈青年，重在修养学识，从根本上改造社会，何必谈甚么政治呢？有人说：本志曾宣言志在辅导青年，不议时政，现在何必谈甚么政治惹出事来呢？呀呀！这些话却都说错了。我以为谈政治的人当分为三种：一种是做官的，政治是他的职业，他所谈的多半是政治中琐碎行政问题，与我辈青年所谈的政治不同。一种是官场以外他种职业的人，凡是有参政权的国民，一切政治问题，行政问题，都应该谈谈。一种是修学时代之青年，行政问题，本可以不去理会；至于政治问题，往往关于国家民族根本的存亡，怎应该装聋作哑呢？

我现在所谈的政治，不是普通政治问题，更不是行政问题，乃是关系国家民族根本存亡的政治根本问题。此种根本问题，国人倘无彻底的觉悟，急谋改革，则其他政治问题，必至永远纷扰，国亡种灭而后已！国人其速醒！

第一　当排斥武力政治

以理论言，单独武力，决不能建设现代的国家。以事实言，袁世凯、张勋相继以武力政策，都归失败；不但其自己失败，国家也因之到了破产地位；倘有继之者，其效果也可想而知。目下政治上一切不良的现象，追本求源，都是“武人不守法律”为恶因中之根本恶因。无论何人，一旦有枪在手，便焚杀淫掠，无所不为，国法人言，无所顾忌，尚复成何世界！此种武力政治倘不废除，不但共和是个虚名，就是复辟立君也没有办法；不但宪政不能实行，就是专制皇帝，也没有脸面坐在金銮殿上发号施令。所以我们中国要想政象清宁，当首先排斥武力政治，无论北洋派也好，西南派也好，都要劝他们把这有用的武力，用着对外，不许用着对内，必定这一层办得到，然后才配开口说到什么政治问题。否则将是无论北洋武人执政也好，西南武人执政也好，终究是个“秀才遇见兵，有理说不清”，有什么政治法律可谈呢？（日本柄赖中将说道：“中国目前最要者，与其谓为南北妥协，宁在改革督军政治；若不改革，即聘百顾问，亦终难改善国政。”这话可算说得切中要害。）

第二　当抛弃以一党势力统一国家的思想

现在世界各国中，像德意志虽说是以普鲁士为中心势力统一联邦，像日本虽说是以萨、长军阀为中心势力统一三岛，但是德意志各联邦，也不是事事仰普鲁士的鼻息；德、日各政党盘踞之国会，都有绝大的威权，也非普鲁士及萨、长军人可以任意指挥，随便破坏的；况且近年以来，普鲁士及萨、长军阀的威权，也都有日渐收缩之势了。试问我们中国哪一党人哪一派人，配说有普鲁士或萨、长军阀的勋劳和实力呢？袁世凯以数十年的辛苦经营，尚且不能以一派势力统一国家；其余各党各派的内容，都是四分五裂，本身尚不能统一，如何当做统一全国的中心势力呢？这种迷梦倘不打破，各派人都想拿自己之势力来统一中国，而各派都统一不成；即使一时成功，也断断不能持久；互想统一，互夺政权，争夺不休，必至外国人来统一而后已。所以我始终主张北洋、国民、进步三党平分政权的办法，又赞成一党组织内阁的梦想。我们中国人无论何党何派，自己甘心在野，容让敌党执政的雅量，实在缺乏的很。老实说一句：一碗饭要大家吃，若想一人独吃，势必大家争夺，将饭碗打破，一个人也吃不成！

第三　当决定守旧或革新的国是

无论政治学术道德文章，西洋的法子和中国的法子，绝对是两样，断断不可调和牵就的。这两样孰好孰歹，是另外一个问题，现在不必议论；但或是仍旧用中国的老法子，或是改用西洋的新法子，这个国是，不可不首先决定。若是决计守旧，一切都应该采用中国的老法子，不必自费金钱派什么留学生，办什么学校，来研究西洋学问。若是决计革新，一切都应该采用西洋的新法子，不必拿什么国粹，什么国情的鬼话来捣乱。譬如既然想改用立宪共和制度，就应该尊重民权，法治，平等的精神，什么大权政治，什么天神，什么圣王，都应该抛弃。若觉得神权君权为无上治术，那共和立宪，便不值一文。又如相信世间万事有神灵主宰，那西洋科学，便根本破坏，一无足取。若相信科学是发明真理的指南针，像那和科学相反的鬼神，灵魂，炼丹，符咒，算命，卜卦，扶乩，风水，阴阳五行，都是一派妖言胡说，万万不足相信的。因为新旧两种法子，好像水火冰炭，断然不能相容；要想两样并行，必至弄得非牛非马，一样不成。中国目下一方面既采用立宪共和政体，一方面又采倡尊君的孔教，梦想大权政治，反对民权；一方面设立科学的教育，一方面又提倡非科学的祀天，信鬼，修仙，扶乩的邪说；一方面提倡西洋实验的医学，一方面又相信三焦，丹田，静坐，运气的卫生：我国民的神经颠倒错乱，怎样到了这等地步！我敢说：守旧或革新的国是，倘不早早决定，政治上社会上的矛盾，紊乱，退化，终久不可挽回！

国家现象，往往随学说为转移。我们中国，已经被历代悖谬的学说败坏得不成样子了。目下政治上社会上种种暗云密布，也都有几种悖谬学说在那里作祟。慢说一班老腐败了，就是头脑不清的青年，也往往为悖谬学说所惑；我所以放胆一言，以促我青年之猛醒！

实行民治的基础

民治是什么？难道就是北京《民治日报》所说的民治？杜威博士分民治主义的原素为四种：

（一）政治的民治主义就是用宪法保障权限，用代议制表现民意之类。

（二）民权的民治主义就是注重人民的权利：如言论自由，出版自由，信仰自由，居住自由之类。

（三）社会的民治主义就是平等主义：如打破不平等的阶级，去了不平等的思想，求人格上的平等。

（四）生计的民治主义就是打破不平等的生计，铲平贫富的阶级之类。

前二种是关于政治方面的民治主义，后二种是关于社会经济方面的民治主义。原来“民治主义”（Democracy），欧洲古代单是用做“自由民”（对奴隶而言）参与政治的意思，和“专制政治”（Autocracy）相反；后来人智日渐进步，民治主义的意思也就日渐扩张；不但拿他来反对专制帝王，无论政治，社会，道德，经济，文学，思想，凡是反对专制的，特权的，遍人间一切生活，几乎没有一处不竖起民治主义的旗帜。所以杜威博士列举民治主义的原素，不限于政治一方面。

我们现在所盼望的实行民治，自然也不限于政治一方面。而且我个人的意思：觉得“社会生活向上”是我们的目的，政治，道德，经济的进步，不过是达到这目的的各种工具。政治虽是重要的工具，总不算得是目的。我敢说若要改良政治，别忘了政治是一种工具，别拿工具当目的，才可以改良出来适合我们目的的工具。我敢说最进步的政治，必是把社会问题放在重要地位，别的都是闲文。因此我们所主张的民治，是照着杜威博士所举的四种原素，把政治和社会经济两方面的民治主义，当做达到我们目的——社会生活向上——的两大工具。

在这两种工具当中，又是应该着重社会经济方面的；我以为关于社会经济的设施，应当占政治的大部分；而且社会经济的问题不解决，政治上的大问题没有一件能解决的，社会经济简直是政治的基础。

杜威博士关于社会经济（即生计）的民治主义的解释，可算是各派社会主义的公同主张，我想存心公正的人都不会反对。至于他关于政治的民治主义的解释，觉得还有点不彻底；我们既然是个“自由民”不是奴隶，言论，出版，信仰，居住，集会，这几种自由权，不用说都是生活必需品；宪法我们也是要的，代议制也不能尽废；但是单靠“宪法保障权限”，“用代议制表现民意”，恐怕我们生活必需的几种自由权，还是握在人家手里，不算归我们所有。我们政治的民治主义的解释：是由人民直接议定宪法，用宪法规定权限，用代表制照宪法的规定执行民意。换一句话说：就是打破治者与被治者的阶级，人民自身同时是治者又是被治者。老实说：就是消极的不要被动的官治，积极的实行自动的人民自治；必须到了这个地步，才算得真正民治。

我们中国社会经济的民治，自然还没有人十分注意；就是政治的民治，中华民国的假招牌虽然挂了八年，却仍然卖的是中华帝国的药，中华官国的药，并且是中华匪国的药；“政治的民治主义”这七个好看的字，大家至今看了还不大顺眼。但是我决不因此灰心短气，因为有三个缘故：一是中国创造共和的岁月，比起欧、美来还是太浅，陈年老病哪有著手成春的道理。二是中国社会史上的现象，真算得与众不同。上面是极专制的政府，下面是极放任的人民；除了诉讼和纳税以外，政府和人民几乎不生关系。这种极放任不和政府生关系的人民，自己却有种种类乎自治团体的联合：乡村有宗祠，有神社，有团练；都会有会馆，有各种善堂（育婴，养老，施诊，施药，积谷，救火之类）。有义学，有各种工商业的公所；像这些各种联合，虽然和我们理想的民治隔得还远，却不能说中国人的民治制度，没有历史上的基础。三是中国人工商业不进化和国家观念不发达，从坏的方面说起来，我们因此物质文明不进步，因此国民没有一致团结力；从好的方面说起来，我们却因此没有造成像欧洲那样的资产阶级和军国主义。而且自古以来，就有许行的“并耕”，孔子的“均无贫”种种高远理想；“限田”的讨论，是我们历史上很热闹的问题，“自食其力”，是无人不知道的格言。因此可以证明我们的国民性里面，确实含着许多社会经济的民治主义的成分。我因为有这些理由，我相信政治的民治主义和社会经济的民治主义，将来都可以在中国大大的发展，所以我不灰心短气，所以我不抱悲观。

现在政象不佳，没有实行民治主义的缘故，也有好几层：一是改建共和未久。二是我们从前把建设共和看得太容易，革命以前宣传民治主义的工夫太做少了。三是共和军全由军人主动，一般国民自居在第三者地位。四是拥护共和的进步、国民两党人，都不懂得民治主义的真相，都以为政府万能，把全副精神用在宪法问题，国会问题，内阁问题，省制问题，全国的水利交通问题，至于民治的基础——人民的自治与联合——反无人来过问。五是少数提倡地方自治的人，虽不迷信中央政府，却仍旧迷信大规模的省自治和县自治，其实这种自治，只算是地方政府对于中央政府的分治，是划分行政区域和地方长官权限的问题，仍旧是官治，和民治的真正基础——人民直接的实际的自治与联合——截然是两件事。我们现在要实行民治主义，首先要注重民治的坚实基础，必须把上面说的二、三、四、五，这几层毛病通通除去，多干实事，少出风头，把大伟人大政治家大政客大运动家大爱国者的架子收将起来，低下头在那小规模的极不威风的坚实的民治基础——人民直接的实际的自治与联合——上做工夫；不然，无论北洋军人执政也罢，西洋军人执政也罢，交通系得势也罢，北方的安福部得势也罢，南方的安福部（就是政学会）得势也罢，进步党的内阁也罢，国民党的内阁也罢，旧官僚的内阁也罢，我可以断定中国的民治，仍旧是北京《民治日报》的民治，不是杜威博士所讲“美国之民治的发展”的民治。

我不是说不要宪法，不要国会，不要好内阁，不要好省制，不要改良全国的水利和交通；也不是反对省自治，县自治。我以为这些事业必须建筑在民治的基础上面，才会充分发展；大规模的民治制度，必须建筑在小组织的民治的基础上面，才会实现；基础不坚固的建筑，像那沙上层楼，自然容易崩坏；没有坚固基础的民治，即或表面上装饰得如何堂皇，实质上毕竟是官治，是假民治，真正的民治决不会实现，各种事业也不会充分发展。

社会经济的民治主义，哪一国都还没有实行；政治的民治主义，英、美两国比较其余的国家，总算是发达的了。他们所以发达的由来，乃是经许多岁月，由许多小组织的地方自治团体和各种同业联合，合拢起来，才能够发挥今天这样大规模的民治主义；好像一个生物体，不是一把散沙，也不是一块整物，乃无数细胞组织，器官组织，合拢起来，才能够成就全体的作用。他们的民治主义，不是由中央政府颁布一部宪法几条法令，就会马上涌现出来的，乃是他们全体人民一小部分一小部分自己创造出来的。所以杜威博士在他《美国之民治的发展》讲演中说道："美国是一个联邦的国家，当初移民的时候，每到一处便造成一个小村，由许多小村，合成一邑，由许多邑合成一州，再由许多州合成一国。小小的一个乡村，一切事都是自治。"又说道："美国的联邦是由那些有独立自治能力的小村合并起来的，历史上的进化是由一村一村联合起来的。美国的百姓是为找自由而来的，所以他们当初只要自治不要国家，后来因有国家的需要，所以才组成联邦。"

我们现在要实行民治主义，是应当拿英、美做榜样，是要注意政治经济两方面，是应当在民治的坚实基础上做工夫，是应当由人民自己一小部分一小部分创造这基础。这基础是什么？就是人民直接的实际的自治与联合。这种联合自治的精神，就是要人人直接的，不是用代表间接的；是要实际去做公共生活需要的事务，不是挂起招牌就算完事。这种联合自治的形式，就是地方自治和同业联合两种组织。

现在有许多人的心理，以为时局如此纷乱，政府哪里顾得到地方自治的问题；而且地方自治的法案，还未经正式国会详细规定出来，我们怎样着手？至于同业联合的组织法，政府国会都还未曾想到，更是无从组织。我想这种见解是大错而特错，是有两个根本上的错误：第一个错误，是以为地方自治和同业联合都要政府提倡，才能够实现。我以为这种从上面提倡的自治联合，就是能够实现，也只是被动的官式的假民治，我们不要；我们所要的，是从底下创造发达起来的，人民自动的真民治。第二个错误，是以为法律能够产生事实，事实不能够产生法律。我的见解恰恰和他正相反对，我以为法律产生事实的力量小，事实产生法律的力量大，社会上先有一种已成的事实，政府承认他的“当然”就是法律，学者说明他的“所以然”就是学说。一切法律和学说，大概都从已成的事实产生出来的。譬如英、美两国的自治制度，都是先由他们的人民创造出来这种事实，后来才由政府编成法典，学者演成学说，并不是先由政府颁布法典，学者创出学说，他们人民才去照办的。所以我觉得时局纷乱不纷乱，政府提倡不提倡，国会有没有议决法案，都和我们人民组织地方自治同业联合不生关系。

我所说的同业联合，和那由店东组织的各业公所及欧洲古时同业协会（Guild）不同，和欧洲此时由工人组织的职工联合（旧译工联 Trade Union）及其他各种劳动组合也不同；因为此时中国工商界，像那上海、天津、汉口几个大工厂和各处铁路矿山的督办总办，都是阔老官，当然不能和职工们平起平坐；其余一般商界的店东店员，工界的老板伙计，地位都相差不远，纯粹资本作用和劳力没有发生显然的冲突以前，凡是亲身从事业务的，都可以同在一个联合。

关于地方自治和同业联合的种种学说，制度，非常之多；至于详细的办法，一时更说不尽。我现在单只就中国社会状态的需要而且可以实行的，举出几条原则，免得失了直接的实际的精神，就会发生笼统，涣散，空洞，利用，盘踞，腐败，种种不可救药的老毛病。

最小范围的组织

乡间的地方自治，从一村一镇着手，不可急急去办那一乡的自治；城市的地方自治，要按着街道马路或是警察的分区，分做许多小自治区域，先从这小区域着手，不可急急去办那城自治市自治。同业联合是要拿一个地方的一种职业做范围，譬如一个码头的水手，船户，搬运夫，一个矿山的矿夫，一条铁路的职工，一个城市的学校教职员，新闻记者，律师，医生，木匠，瓦匠，车夫，轿夫，铁工，纺织工，漆工，裁缝，剃头匠，排印工人，邮差，脚夫等，各办各的同业联合；商业的店东管事和店员，在小城市里便归在一个联合，在大城市里，譬如上海地方，就按行业或马路分办各的同业联合，万万不可急于组织那笼统空洞的什么“工会”，广大无边的什么“上海商界联合会”，什么“全国工人联合会”。凡是笼统空洞没有小组织做基础的大组织，等于没有组织。这种没有组织的大组织，消极方面的恶结果，就是造成多数人冷淡，涣散，放弃责任；积极方面的恶结果，就是造成少数人利用，把持，腐败。

人人都有直接议决权

这种小组织的地方团体和同业团体，人数都必然不多，团体内的成年男女，都可以到会直接议决事务，无须采用代表制度。若是一团体的事务，各个分子都有直接参与的权利，他所生的效果：在消极方面，可以免得少数人利用，把持，腐败；在积极方面，可以养成多数人的组织能力，可以引起大家向公共的利害上着想，向公共的事业上尽力，可以免得大家冷淡旁观团体涣散。中国现在的地方自治办不好，就是因为大家让少数的绅董盘踞在那里作恶；同业联合没有好效果，就是因为现在各业公所的组织，只是店东管事独霸的机关，与多数的职工店员无涉。我所以主张小组织，就是因为小组织的人少，便于全体直接参与，一扫从前绅董，店东，工头，少数人把持的积弊，又可以磨练多数人办事的能力。若有人疑心多数的教育程度不够，还是用代表制度的好，我便拿杜威博士《美国之民治的发展》讲演上的话来回答："民治主义何以好呢？因为他自身就是一种教育，就是教育的利器；叫人要知道政治的事不是大人先生的事，就是小百姓也都可以过问的。人民不问政事，便把政治的才能糟蹋完了，再也不会发展了。民治政治叫人去投票，叫人知道对于政治有很大的责任，然后自然能养成一种政治人才；美国的浩雷斯曼说：‘我们的主张不是说人生下来就配干预政治，不过总要叫他配干预才是。’这就是民治主义的教育。从前美国的选举也有财产教育男女的限制，现在才把这些限制去了；去了限制之后，从没听人说过哪个人不会选举，可见得政治的才能是学得的，不是生来的。”若有人疑心女子不便加入，我以为男女应该有同等权利的理论，姑且不提；单就事实上说，女子加入的坏处，我一时想不出；我却想出许多女子加入的好处，女子的和平，稳静，精细，有秩序，顾名誉，富于同情心等，可以使团体凝结的性质，都比男子好；他们第一美点，就是不利用团体去夤缘官做。

执行董事不宜专权久任

执行团体议决事务的董事，由团体全员投票选举；选举权和被选举权，都不应当有教育财产男女地位的限制。董事的人数宜多，任期宜短，不能连任；每半年改选三分之一，满期退任的次第，抽签预定。无论大会或是董事会，都只设临时主席，取合议制，不设会长总董。这都是防备少数人盘踞必不可缺的制度。

注重团体自身生活的实际需要

地方自治应该注重的是：教育（小学校及阅书报社），

选举（国会省县议会及城乡自治会），道路，公共卫生；乡村的地方，加上积谷，水利，害虫三件事。同业联合应该注重的是：教育（补习夜学、阅书报社、通俗讲演），储蓄，公共卫生，相互救济（疾病、老、死、失业等事），消费公社，职业介绍，公共娱乐，劳工待遇等事。上海工业界现在有许多同业的联合会发生，我们十分欢迎；但是我们也有十分担心的两个疑问：（一）是否仅仅为了外交的感触？还是另有团体本身生活上实际需要的觉悟？（二）是否店东管事们在那里包办？上海各马路的商界联合会，颇和我主张的小组织相同；但我们不能满意的地方：（一）到会的会员都只有各店代表一百多人，不但不是全体，并没有过半数。（二）这些代表恐怕多半是店东管事，没有店员的分。（三）本身的组织和实际生活需要的问题，都没有谈起，请了许多事外的人来演说，发些救国裕商的空套议论，这是做什么！我盼望社会上理想高明的人，不要以为我所注重的实际生活需要讨价过低，说我主张不彻底；我相信照中国现社会的状况，只有这种小组织，注重这种实际生活的需要，乃是民治主义坚实的基础，乃是政治经济彻底改造必经的门路。我盼望官场中神经过敏的人，不要提起地方自治，马上就联想到破坏统一；不要提起同业联合，马上就联想到社会革命。我主张的这种小组织，实在平易可行，实在是共和国家政治经济的实际需要，实在说不上什么破坏统一，什么社会革命；这种小组织的地方自治，固然和你们政权无涉，于你们官兴多碍，就是这种小组织的同业联合，所注重的实际需要，也都是在现社会现经济制度之下的行动，并非什么过激的办法；不但比不上法国的工团主义（Syndicalism）那样彻底，就是比英国的工联（Trade Union）还要和平简陋得多。

断绝军人官僚政客的关系

军人，官僚，政客，是中国的三害，无论北洋军人，老官僚，新官僚，旧交通系，新交通系，安福系，己未系，政学会，可以总批他“明抢暗夺误国殃民”八个大字；一定要说哪个好哪个歹，都是一偏之见，缺少阅历。自从五四运动以来，我们中国一线光明的希望，就是许多明白有良心的人，想冲出这三害的重围，另造一种新世界；这新世界的指南针，就是唤醒老百姓，都提起脚来同走“实行民治”这一条道路。这条道路的基础上最后要留意的，就是别让三害鬼混进来，伸出他背上的那只肮脏黑手，把我们的一线光明遮住了。蝇营狗苟的新官僚（就是政客先生），惯会看风头，乘机窃取起来，更是眼明腿快，我们要格外严防，别让他利用我们洁白的劳动工人和青年学生，来办什么政党什么劳动党，做他当总长的敲门砖；最好是各种小组织的事务所，都贴上“小心扒手”，好叫大众留神。我所以主张小组织，固然重在民治要有坚实的基础，也是故意摆出矮户低檐的景象，好叫这班阔人恐怕碰坏了纱帽翘，不来光顾才好。

这篇文章刚做好寄到上海付印，就看见张东荪先生新做的《头目制度与包办制度的打破》那篇文章（见《解放与改造》的一卷五号），说得很透彻，可以补我这篇文章的遗漏，读者务必要参看。我所主张的小组织好叫人人有直接参与权，似乎是打破一切寡头制度（头目包办制度自然包含在内）的根本方法；这种思想倘然能够成为事实，成为习惯，不但现在经济方面的恶制度可以扫除，就是将来较大的政治方面经济方面的大组织，自然也不会有寡头专制的事发生，真民治主义才会实现。我所主张的同业联合，也含着有“两元的社会组织”的性质。但是我心中所想的未必和《联合会日刊》所说的尽同，而且我不愿意采用“两元”的名词。因为本来我们所痛苦的是现代社会制度的分裂生活，我们所渴望的是将来社会制度的结合生活，我们不情愿阶级争斗发生，我们渴望纯粹资本作用——离开劳力的资本作用——渐渐消灭，不至于造成阶级争斗；怎奈我们现在所处的不结合而分裂的——劳资，国界，男女等——社会。不慈善而争斗的人心，天天正在那里恶作剧（现在美国劳资两元组织的产业会议，就是一个例）。我心中所想说的话，不愿说出，恐怕有人误作调和政策，为一方面所利用，失了我的本意。此话说来太长，而且不是本篇的论旨，改日再谈罢。

谈政治

（一）

本志（《新青年》）社员中有多数人向来主张绝口不谈政治，我偶然发点关于政治的议论，他们都不以为然。但我终不肯取消我的意见，所以常常劝慰慈、一涵两先生做关于政治的文章。在他一方面，外边对于本志的批评，有许多人说《新青年》不讨论政治问题，是一个很大的缺点。我对于这个批评也不能十分满足，曾在“我的解决中国政治方针”演说中回答道：“我们不是忽略了政治问题，是因为十八世纪以来的政制已经破产，我们正要站在社会的基础上造成新的政治；我们不是不要宪法，是要在社会上造成自然需要新宪法底实质，凭空讨论形式的条文，是一件无益的事。”因此，可以表明我对于政治底态度，一方面固然不以绝口不谈政治为然，一方面也不愿意和一班拿行政或做官弄钱当做政治的先生们谈政治。换句话说，就是：你谈政治也罢，不谈政治也罢，除非逃在深山人迹绝对不到的地方，政治总会寻着你的。但我们要认真了解政治底价值是什么，决不是争权夺利的勾当可以冒牌的。

以上的说话，虽然可表明我对于政治底态度，但是过于简单，没有说出充分的理由，而且不曾包含最近对于政治的见解。所以现在要详细谈一下。

（二）

我们中国不谈政治的人很多，主张不谈政治的只有三派人：一是学界，张东荪先生和胡适之先生可算是代表；一是商界，上海底总商会和最近的各马路商界联合会可算是代表；一是无政府党人。前两派主张不谈政治是一时的不是永久的，是相对的不是绝对的；因为他们所以不谈政治，是受了争权夺利的冒牌的政治底刺激，并不是从根本上反对政治。后一派是从根本上绝对主张人类不应该有一切政治的组织，他们不但反对君主的贵族的政治和争权夺利的政治，就是民主的政治也要反对的。

我对于这三派的批评，在消极的方面，我固然很有以他们为然的地方；在积极的方面，我就有点异议了。

前两派只有消极没有积极的缺点，最近胡适之先生等“争自由的宣言”中已经道破了。这篇文章开口便说：“我们本不愿意谈实际的政治，但是实际的政治却没有一时一刻不来妨害我们。”要除去这妨害，自然免不了要谈政治了。

后一派反对政治，从消极的方面说起来，也有一大部分真理。他们反对政治，反对法律，反对国家，反对强权，理论自成一系统，倒没有普通人一面承认政治，法律，国家，一面反对强权的矛盾见解。强权是少数人的或多数人的，广狭虽然不同，但若是没有强权便没有法律，没有法律还有什么政治国家呢？因此我们应该明白强权，国家，政治，法律是一件东西底四个名目，无政府党人一律反对，理论倒算是一贯。古代的社会契约（Social contract）和中世纪的自治都市（Commune），不但不是普遍的，而且是人类政治组织没有进化到近代国家的状态。近代国家是怎样？Franz Oppeuheimer 说：国家底唯一目的，就是征服者支配被征服者底主权，并且防御内部的叛乱及外部的侵袭。这主权底目的，也就是征服者对被征服者经济的掠夺。（详见 Christensen's *Politics and Crowd-Morality*，P. 72 所引）Christensen 说：国家是掠夺别人并防止别人来掠夺的工具；他的目的并不是制止每人和每人间底战争，乃是使这战争坚固而有效力。（见前书 73、74 页）罗素说：国家底骨子，就是公民集合力底仓库。这力量有两个形式：一是对内部的，一是对外部的。对内部的形式是法律及警察，对外部的形式是战斗力所表现的陆海军。国家是一定区域内全住民底集合体依政府指挥用他们联合力所组织起来的。国家底权力，对内仅限于叛乱的恐怖，对外仅限于战败的恐怖，所以他阻止这两样是绝对的。在实际上他能够用租税名义夺人家底财产，决定结婚和继承底法律，惩罚他所反对的意见发表，因为要把一种人们住的地方划归别国他能置人于死地，并且他想着要打仗便命令一切强健男子到战场去赌生命。在许多事件上，违反了国家底目的和意见，就是犯罪。（见 Russell's *Principles of Social Reconstruction* P. 45、46、47.）过去及现在的国家底作用实在是如此，我所以说无政府党反对国家，反对政治，反对法律，反对强权，也有一大部分真理。

从消极方面说起来，无政府党否认国家政治，我们固然赞同；从积极方面说起来，我们以为过去的现在的国家和政治，过去的现在的资产阶级的国家和政治，固然建筑在经济的掠夺上面，但是将来的国家和政治，将来劳动阶级的国家和政治，何人能够断定他仍旧黑暗绝对没有希望呢？反对国家的人，说他是掠夺机关；反对政治的人，说他是官僚底巢穴；反对法律的人，说他是资本家私有财产底护符。照他们这样说法，不过是反对过去及现在掠夺的国家，官僚的政治，保护资本家私有财产的法律，并没有指出可以使国家政治法律根本摇动的理由。因为他们所反对的，不曾将禁止掠夺的国家，排除官僚的政治，废止资本家财产私有的法律，包含在内。

或者有人说：就是将来的禁止掠夺的国家，排除官僚的政治，废止资本家私有财产的法律，仍然离不掉强权，所以不从根本上绝对废除国家，政治，法律，这几种强权，实现自由组织的社会，不能算彻底的改革。

我们对于这种意见，可以分开理论和事实两方面的讨论：

从理论上说起来，第一我们应该要问：世界上的事理本来没有底，我们从何处“彻”起？所以懂得进化论的人，不应该有彻底不彻底的观念。第二我们应该要问：强权何以可恶？我以为强权所以可恶，是因为有人拿他来拥护强者无法压迫弱者与正义。若是倒转过来，拿他来救护弱者与正义，排除强者与无道，就不见得可恶了。由此可以看出强权所以可恶，是他的用法，并不是他本身。我们人类文明最大的效果，是利用自然征服自然。例如水火都可以杀人，利用水便得了行船，洗濯，灌溉底效用；利用火便得了烧饭菜，照亮，温暖身体底效用；炸药和雷电伤人更是可怕，利用他们便得了开山治病及种种工业上的效用，人类底强权也算是一种自然力，利用他也可以有一种排除黑暗障碍底效用。因此我觉得不问强权底用法如何，闭起眼睛反对一切强权，像这种因噎废食的办法，实在是笼统的武断的，决不是科学的。若有人不问读书底目的如何，但只为读书而读书，不问革命底内容如何，但只为革命而革命，自然是可笑；现在若不问强权底用法如何，但只为强权而反对强权，或者只为强权而赞成强权，也未免陷于同一的谬误。

从事实上说起来，第一我们要明白世界各国里面最不平最痛苦的事，不是别的，就是少数游惰的消费的资产阶级，利用国家、政治、法律等机关，把多数极苦的生产的劳动阶级压在资本势力底下，当做牛马机器还不如。要扫除这种不平这种痛苦，只有被压迫的生产的劳动阶级自己造成新的强力，自己站在国家地位，利用政治，法律等机关，把那压迫的资产阶级完全征服，然后才可望将财产私有，工银劳动等制度废去，将过于不平等的经济状况除去。若是不主张用强力，不主张阶级战争，天天不要国家，政治，法律，天天空想自由组织的社会出现；那班资产阶级仍旧天天站在国家地位，天天利用政治，法律：如此梦想自由，便再过一万年，那被压迫的劳动阶级也没有翻身的机会。法国底工团派，在世界劳动团体中总算是很有力量的了；但是他们不热心阶级战争，是要离开政治的，而政治却不肯离开他们，欧战中被资产阶级拿政权强迫他们牺牲了，今年五一节后又强迫他们屈服了，他们的自由在哪里？所以资产阶级所恐怖的，不是自由社会的学说，是阶级战争的学说；资产阶级所欢迎的，不是劳动阶级要国家政权法律，是劳动阶级不要国家政权法律。劳动者自来没有国家没有政权，正因为过去及现在的国家，政权都在资产阶级底手里，所以他们才能够施行他们的生产和分配方法来压迫劳动阶级；若劳动阶级自己宣言永远不要国家，不要政权，资产阶级自然不胜感谢之至。你看现在全世界底国家对于布尔塞维克底防御，压迫，恐怖，比他们对于无政府党厉害的多，就是这个缘故。

第二我们要明白各国底资产阶级，都有了数十年或数百年底基础，站在优胜的地位，他们的知识经验都比劳动阶级高明得多，劳动阶级要想征服他们固然很难，征服后想永久制服他们不至死灰复燃更是不易。这时候利用政治的强权，防止他们的阴谋活动；利用法律的强权，防止他们懒惰，掠夺，矫正他们的习惯，思想都很是必要的方法。这时候若反对强权的压迫，若主张不要政治，法律，若提倡自由组织的社会，便不啻对资产阶级下了一道大赦底恩诏，因为他们随时得着自由，随时就要恢复原有的势力地位。所以各国共和革命后，民主派若失了充分压服旧党底强力，马上便有复辟底运动。此时俄罗斯若以克鲁巴特金的自由组织代替了列宁的劳动专政，马上不但资产阶级要恢复势力，连帝政复兴也必不免。克鲁巴特金《国家论》中所称赞的中世自治都市是何以失败的，他所指责的近代资本主义的国家是何以发达起来的？这主要的原因，不用说一方面是自治都市里既不是以劳动阶级为主体，又没有强固的政治组织，因此让君主贵族们垄断了政权；一方面是新兴的资本家利用自由主义，大家自由贸易起来，自由办起实业来，自由虐待劳动者，自由把社会的资本集中到少数私人手里，于是渐渐自由造成了自由的资产阶级，渐渐自由造成了近代资本主义自由的国家。我们明明白白晓得中世自治都市是放弃政权失败的，是放任那不法的自由（Unconscionable Freedom）失败的，劳动阶级底枷锁镣铐分明是自由主义将他带上的；现在理想的将来的社会，若仍旧妄想否认政治是彻底的改造，迷信自由主义万能，岂不是睁着眼睛走错路吗？我因此深信许多人所深恶痛绝的强权主义，有时竟可以利用他为善；许多人所歌颂赞美的自由主义，有时也可以利用他为恶。万万不可一概而论，因为凡强权主义皆善，凡自由主义皆恶，像这种笼统的大前提，已经由历史底事实证明他在逻辑上的谬误了。

第三我们要明白人类本性的确有很恶的部分，决不单是改造社会制度可以根本铲除的；就是社会制度——私有财产制度，工银劳动制度——所造成的人类第二恶性，也不是制度改变了这恶性马上就跟着消灭的。工银劳动制度实在不应该保存，但同时若不强迫劳动，这时候从前不劳动的人，自然不会忽然高兴要去做工；从前受惯了经济的刺激（Economic Stimulus）才去劳动的工人，现在解除了刺激，又加上从前疲劳底反动，一定会懒惰下来；如此一时社会的工作效率必然锐减。少数人懒惰而衣食，已经酿成社会上的不平等；若由少数增至多数，这社会底生活资料如何维持呢？人类诚然有劳动的天性，有时也自然不须强迫；美术化的劳动和创造的劳动，更不是强迫所能成的，自来就不是经济的刺激能够令他进步的；所以工银制度在人类文化的劳动上只有损而无益。至于人类基本生活的劳动，至少像那不洁的劳动，很苦的劳动，既然没有经济的刺激，又没有法律的强迫，说是人们自然会情愿去做，真是自欺欺人的话；凡有真诚的态度讨论社会问题的人，不应该说出这样没有征验的话来。制度变了，制度所造成的人类专己自私的野心，一时断然不易消灭：倘然没有法律裁制这种倾向，专制的帝王贵族就会发生在自由组织的社会里；若要预防他将来发生，抵抗他已经发生，都免不了利用政治的法律的强权了。更有一件事，就是人类底性欲本能和永续占有行动合起来发生的男女问题；这问题是人生问题中最神秘不可思议的部分，不但社会制度革命不能解决他，并且因为解除了经济的政治的压迫和诱惑，真的纯粹的男女问题更要露骨的发生。这时候的男女问题内，并不夹杂着政治的经济的影响和罪恶，倘由这种问题发生了侵犯个人及损害社会安宁的罪恶，也应该有点法律的裁制才好。

据以上的理论和事实讨论起来，无政府党所诅咒的资产阶级据以造作罪恶的国家，政治，法律，我们也应该诅咒的。但是劳动阶级据以铲除罪恶的国家，政治，法律，我们是不应该诅咒的；若是诅咒他，倒算是资产阶级底朋友了。换句话说，就是我们把国家，政治，法律，看做一种改良社会的工具，工具不好，只可改造他，不必将他抛弃不用。

（三）

不反对政治的人也有两派：一是旧派，他们眼中的国家，就是“我国家数百年深仁厚泽”的国家，“学生这样嚣张还成个什么国家”的国家；他们眼中的政治，就是“吴佩孚只是一个师长不配参与政治”的政治；他们眼中的法律，就是“王法”“国法”“大清律”的法律。这派底意见，我们犯不着批评。一是新派，他们虽不迷信政治，法律和国家有神秘的威权，他们却知道政治法律和国家是一种工具，不必抛弃不用。在这一点上我很以他们为然；但是他们不取革命的手段改造这工具，仍旧利用旧的工具来建设新的事业，这是我大不赞成的。这派人所依据的学说，就是所谓马克思修正派，也就是 Bebel 死后德国底社会民主党，急进派所鄙薄所攻击的社会党也就是这个。中国此时还够不上说真有这派人，不过颇有这种倾向，将来这种人必很有势力要做我们唯一的敌人。

他们不主张直接行动，不主张革那资产阶级据以造作罪恶的国家，政治，法律底命，他们仍主张议会主义，取竞争选举的手段，加入（就是投降）资产阶级据以作恶的政府，国会，想利用资产阶级据以作恶的政治，法律，来施行社会主义的政策；结果不但主义不能施行，而且和资产阶级同化了，还要施行压迫劳动阶级反对社会主义的政策。现在英、法、德底政府当局哪个不是如此？像这样与虎谋皮为虎所噬还要来替虎噬人的方法，我们应该当做前车之鉴。

他们主张的国家社会主义，名为社会民主党，其实并不要求社会的民主主义，也不要求产业的民主化，只主张把生产工具集中在现存的国家——现存的资产阶级底军阀官僚盘踞为恶的国家——手里。Wilhelm Liebknecht 批评这种国家社会主义道，这种国家社会主义，实在说起来只可叫做国家资本主义（State Capitalism），取其貌似投时所好来冒牌骗人罢了。德国底国家社会主义，严格说起来就是普鲁士底国家社会主义，他的理想就是军国的，地主的，警察的国家，他所最厌恶的就是民主主义。（见 Wilhelm Liebknecht，*No Compromise*，*No Political Trading*，P. 15.）这种国家社会主义的国家里面，劳动阶级底奴隶状态不但不减轻而且更要加重；因为国家成了公的唯一的资本家，比私的多数的资本家更要垄断得多。这种国家里面，国家的权力过大了，过于集中了统一了，由消灭天才的创造力上论起来，恐怕比私产制度还要坏。这种国家里面，不但无政府党所诅咒的国家，政治，法律底罪恶不能铲除，而且更要加甚；因为资产阶级底军阀官僚从前只有政治的权力，现在又假国家社会主义的名义，把经济的权力集中在自己手里，这种专横而且腐败的阶级，权力加多罪恶便自然加甚了。若是把这名义与权力送给世界上第一个贪污不法的中国军阀官僚，那更是造孽不浅。

他们反对马克思底阶级战争说很激烈，他们反对劳动专政，拿德谟克拉西来反对劳动阶级底特权。他们忘记了马克思曾说过：劳动者和资产阶级战斗的时候，迫于情势，自己不能不组成一个阶级，而且不能不用革命的手段去占领权力阶级的地位，用那权力去破坏旧的生产方法；但是同时阶级对抗的理由和一切阶级本身，也是应该扫除的；因此劳动阶级本身底权势也是要去掉的。（见《共产党宣言》第二章之末）他们又忘记了马克思曾说过：法国社会主义及共产主义的著作，到德国就全然失了精义了；并且阶级争斗底意义从此在德国人手中抹去，他们还自己以为免了法国人的偏见……他们自以为不单是代表无产阶级利害的，是代表人类本性底利害，就是代表全人类利害的；这种人类不属于何种阶级，算不得实际的存在，只有哲学空想的云雾中是他存在的地方。（见前书第三章）他们只有眼睛看见劳动阶级底特权不合乎德谟克拉西，他们却没眼睛看见戴着德谟克拉西假面的资产阶级底特权是怎样。他们天天跪在资产阶级特权专政脚下歌功颂德，一听说劳动阶级专政，马上就抬出德谟克拉西来抵制，德谟克拉西倒成了资产阶级底护身符了。我敢说：若不经过阶级战争，若不经过劳动阶级占领权力阶级地位底时代，德谟克拉西必然永远是资产阶级底专有物，也就是资产阶级永远把持政权抵制劳动阶级底利器。修正派社会主义底格言，就是："从革命去到普通选举！从劳动专政去到议会政治！"他们自以为这是"进化的社会主义"，殊不知Bebel死后德国底社会民主党正因此堕落了！

（四）

我的结论是：我承认人类不能够脱离政治，但不承认行政及做官争地盘攘夺私的权利这等勾当可以冒充政治。

我承认国家只能做工具不能做主义，古代以奴隶为财产的市民国家，中世以农奴为财产的封建诸侯国家，近代以劳动者为财产的资本家国家，都是所有者的国家，这种国家底政治法律，都是掠夺底工具，但我承认这工具有改造进化的可能性，不必根本废弃他，因为所有者的国家必然造成罪恶，而所有者以外的国家却有成立的可能性。

我虽然承认不必从根本上废弃国家，政治，法律这个工具，却不承认现在的资产阶级（即掠夺阶级）的国家，政治，法律有扫除社会罪恶的可能性。

我承认用革命的手段建设劳动阶级（即生产阶级）的国家，创造那禁止对内外一切掠夺的政治法律，为现代社会第一需要。后事如何，就不是我们所应该所能够包办的了。

敬告青年

窃以少年老成，中国称人之语也；年长而勿衰（Keep young while growing old），英美人相勖之辞也，此亦东西民族涉想不同现象趋异之一端欤？青年如初春，如朝日，如百卉之萌动，如利刃之新发于硎，人生最可宝贵之时期也。青年之于社会，犹新鲜活泼细胞之在人身。新陈代谢，陈腐朽败者无时不在天然淘汰之途，与新鲜活泼者以空间之位置及时间之生命。人身遵新陈代谢之道则健康，陈腐朽败之细胞充塞人身则人身死，社会遵新陈代谢之道则隆盛，陈腐朽败之分子充塞社会则社会亡。

准斯以谈，吾国之社会，其隆盛耶？抑将亡耶？非予之所忍言者。彼陈腐朽败之分子，一听其天然之淘汰，雅不愿以如流之岁月，与之说短道长，希冀其脱胎换骨也。予所欲涕泣陈词者，惟属望于新鲜活泼之青年，有以自觉而奋斗耳！

自觉者何？自觉其新鲜活泼之价值与责任，而自视不可卑也。奋斗者何？奋其智能，力排陈腐朽败者以去，视之若仇敌，若洪水猛兽，而不可与为邻，而不为其菌毒所传染也。

呜呼！吾国之青年，其果能语于此乎？吾见夫青年其年龄，而老年其身体者十之五焉，青年其年龄或身体，而老年其脑神经者十之九焉。华其发，泽其容，直其腰，广其膈，非不俨然青年也；及叩其头脑中所涉想所怀抱，无一不与彼陈腐朽败者为一丘之貉。其始也未尝不新鲜活泼，浸假而为陈腐朽败分子所同化者有之；浸假而畏陈腐朽败分子势力之庞大，瞻顾依回，不敢明目张胆，作顽狠之抗斗者有之。充塞社会之空气，无往而非陈腐朽败焉，求些少之新鲜活泼者，以慰吾人窒息之绝望，亦杳不可得。

循斯现象，于人身则必死，于社会则必亡。欲救此病，非太息咨嗟之所能济，是在一二敏于自觉勇于奋斗之青年，发挥人间固有之智能，抉择人间种种之思想，——孰为新鲜活泼而适于今世之争存，孰为陈腐朽败而不容留置于脑里——利刃断铁，快刀理麻，决不作牵就依违之想，自度度人，社会庶几其有清宁之日也。青年乎！其有以此自任者乎？若夫明其是非，以供抉择，谨陈六义，幸平心察之：

（一）自主的而非奴隶的

等一人也，各有自主之权，绝无奴隶他人之权利，亦绝无以奴自处之义务。奴隶云者，古之昏弱对于强暴之横夺，而失其自由权利者之称也。自人权平等之说兴，奴隶之名，非血气之忍受。世称近世欧洲历史为“解放历史”：破坏君权，求政治之解放也，否认教权，求宗教之解放也，均产说兴，求经济之解放也，女子参政运动，求男权之解放也。

解放云者，脱离夫奴隶之羁绊，以完其自主自由之人格之谓也。我有手足，自谋温饱；我有口舌，自陈好恶；我有心思，自崇所信，决不认他人之越俎，亦不应主我而奴他人：盖自认为独立自主之人格以上，一切操行，一切权利，一切信仰，惟有听命各自固有之智能，断无盲从隶属他人之理。非然者，忠孝节义，奴隶之道德也，德国大哲尼采（Nietzsche）别道德为二类：

有独立心而勇敢者曰贵族道德（Morality Of Noble），谦逊而服从者曰奴隶道德（Morality Of Slave）。轻刑薄赋，奴隶之幸福也；称颂功德，奴隶之文章也；拜爵赐第，奴隶之光荣也；丰碑高墓，奴隶之纪念物也。以其是非荣辱，听命他人，不以自身为本位，则个人独立平等之人格，消灭无存，其一切善恶行为，势不能诉之自身意志而课以功过，谓之奴隶，谁曰不宜？立德立功，首当办此。

（二）进步的而非保守的

人生如逆水行舟，不进则退，中国之恒言也。自宇宙之根本大法言之，森罗万象，无日不在演进之途，万无保守现状之理；特以俗见拘牵，谓有二境，此法兰西当代大哲柏格森（H. Borgson）之创造进化论（L'Erolntion Creatrice）所以风靡一世也。以人事之进化言之：笃古不变之族，日就衰亡。日新求进之民，方兴未已：存亡之数，可以逆睹。矧在吾国，大梦未觉，故步自封，精之政教文章，粗之布帛水火，无一不相形见绌，而可与当世争衡？

举凡残民害理之妖言，率能征之故训，而不可谓诬，谬种流传，岂自今始！固有之伦理，法律，学术，礼俗，无一非封建制度之遗，持较皙种之所为，以并世之人，而思想差迟，几及千载，尊重廿四朝之历史性，而不作改进之图；则驱吾民于二十世纪之世界以外，纳之奴隶牛马黑暗沟中而已，复何说哉！于此而言保守，诚不知为何项制度文物，可以适用生存于今世。吾宁忍过去国粹之消亡，而不忍现在及将来之民族，不适世界之生存而归消灭也。

呜呼！巴比伦人往矣，其文明尚有何等之效用耶？“皮之不存，毛将焉附？”世界进化，骎骎未有已焉。其不能善变而与之俱进者，将见其不适环境之争存，而退归天然淘汰已耳，保守云乎哉！

（三）进取的而非退隐的

当此恶流奔进之时，得一二自好之士，洁身引退，岂非希世懿德，然欲以化民成俗，请于百尺竿头，再进一步。夫生存竞争，势所不免，一息尚存，即无守退安隐之余地。排万难而前行，乃人生之天职。以善意解之，退隐为高人出世之行；以恶意解之，退隐为弱者不适竞争之现象。欧俗以横厉无前为上德，亚洲以闲逸恬淡为美风：东西民族强弱之原因，斯其一矣。此退隐主义之根本缺点也。

若夫吾国之俗，习为委靡：苟取利禄者，不在论列之数，自好之士，希声隐沦，食粟衣帛，无益于世，世以雅人名士目之，实与游惰无择也。人心秽浊，不以此辈而有所补救，而国民抗往之风，植产之习，于焉以斩，人之生也，应战胜恶社会，而不可为恶社会所征服；应超出恶社会，进冒险苦斗之兵，而不可逃遁恶社会，作退避安闲之想。呜呼！欧罗巴铁骑，入汝室矣；将高卧自云何处也？吾愿青年之为孔、墨，而不愿其为巢、由，吾愿青年之为托尔斯泰与达噶尔（R. Tagore，印度隐遁诗人），不若其为哥伦布与安重根！

（四）世界的而非锁国的

并吾国而存立于大地者，大小几四十余国，强半与吾有通商往来之谊。加之海陆交通，朝夕千里。古之所谓绝国，今视之若在户庭。举凡一国之经济政治状态有所变更，其影响率被于世界，不啻牵一发而动全身也。立国于今之世，其兴废存亡，视其国之内政者半，影响于国外者恒亦半焉。以吾国近事证之：日本勃兴，以促吾革命维新之局，欧洲战起，日本乃有对我之要求。此非其彰彰者耶？投一国于世界潮流之中，笃旧者固速其危亡，善变者反因以竞进。

吾国自通海以来，自悲观者言之，失地偿金，国力索矣，自乐观者言之，倘无甲午庚子两次之福音，至今犹在八股垂发时代。居今日而言锁国闭关之策，匪独立所不能，亦且势所不利。万邦并立，动辄相关，无论其国若何富强，亦不能漠视外情，自为风气。各国之制度文物，形式虽不必尽同，但不思驱其国于危亡者，其遵循共同原则之精神，渐趋一致，潮流所及，莫之能违。于此而执特别历史国情之说，以冀抗此潮流，是犹有锁国之精神，而无世界之智识。国民而无世界智识，其国将何以图存于世界之中？语云："闭门造车，出门未必合辙。"今之造车者，不但闭户，且欲以《周礼·考工》之制，行之欧、美康庄，其患将不止不合辙已也！

（五）实利的而非虚文的

自约翰·弥尔（J. S. Mill）"实用主义"唱道于英，孔特（Comte）之"实验哲学"唱道于法，欧洲社会之制度，人心之思想，为之一变。最近德意志科学大兴，物质文明，造乎其极，制度人心，为之再变。举凡政治之所营，教育之所期，文学技术之所风尚；万马奔驰，无不齐集于厚生利用之一途。一切虚文空想之无裨于现实生活者，吐弃殆尽。当代大哲，若德意志之倭根（R. Eucken），若法兰西之柏格森，虽不以现时物质文明为美备，咸揭橥生活（英文曰Life，德文曰 Leben，法文曰 Lavie）问题，为立言之的。生活神圣，正以此次战争，血染其鲜明之帜旗。欧人空想虚文之梦，势将觉悟无遗。

夫利用厚生，崇实际而薄虚玄，本吾国初民之俗；而今日之社会制度，人心思想，悉自周、汉两代而来，——周礼崇尚虚文，汉则罢黜百家而尊儒重道——名教之所昭垂，人心之所祈向，无一不与社会现实生活背道而驰。倘不改弦而更张之，则国力将莫由昭苏，社会永无宁日。祀天神而拯水旱，诵孝经以退黄巾，人非童昏，知其妄也。物之不切于实用者，虽金玉圭璋，不如布粟粪土？若事之无利于个人或社会现实生活者，皆虚文也，诳人之事也。诳人之事，虽祖宗之所遗留，圣贤之所垂教，政府之所提倡，社会之所崇尚，皆一文不值也。

（六）科学的而非想象的

科学者何？吾人对于事物之概念，综合客观之现象，诉之主观之理性而不矛盾之谓也。想象者何？既超脱客观之现象，复抛弃主观之理性，凭空构造，有假定而无实证，不可以人间已有之智灵，明其理由，道其法则者也。在昔蒙昧之世，当今浅化之民，有想象而无科学。宗教美文，皆想象时代之产物。近代欧洲之所以优越他族者，科学之兴，其功不在人权说下，若舟车之有两轮焉。今且日新月异，举凡一事之兴，一物之细，罔不诉之科学法则，以定其得失从违，其效将使人间之思想行为，一遵理性，而迷信斩焉，而无知妄作之风息焉。

国人而欲脱蒙昧时代，羞为浅化之民也，则急起直追，当以科学与人权并重。士不知科学，故袭阴阳家符瑞五行之说，惑世诬民，地气风水之谈，乞灵枯骨。农不知科学，故无择种去虫之术。工不知科学，故货弃于地，战斗生事之所需，一一仰给于异国。商不知科学，故惟识罔取近利，未来之胜算，无容心焉。医不知科学，既不解人身之构造，复不事药性之分析，菌毒传染，更无闻焉，惟知附会五行生克寒热阴阳之说，袭古方以投药饵，其术殆与矢人同科；其想象之最神奇者，莫如“气”之一说；其说且过于力士羽流之术，试遍索宇宙间，诚不知此“气”之果为何物也！

凡此无常识之思，惟无理由之信仰，欲根治之，厥维科学。夫以科学说明真理，事事求诸证实，较之想象武断之所为，其步度诚缓；然其步步皆踏实地，不若幻想突飞者之终无寸进也。宇宙间之事理无穷，科学领土内之膏腴待辟者，正自广阔。青年勉乎哉！

偶像破坏论

“一声不做，二目无光，三餐不吃，四肢无力，五官不全，六亲无靠，七窍不通，八面威风，九（音同久）坐不动，十（音同实）是无用。”这几句形容偶像的话，何等有趣！

偶像何以应该破坏，这几句话可算说得淋漓尽致了。但是世界上受人尊重，其实是个无用的废物，又何只偶像一端？凡是无用而受人尊重的，都是废物，都算是偶像，都应该破坏！

世界上真实有用的东西，自然应该尊重，应该崇拜；倘若本来是件无用的东西，只因人人尊重他，崇拜他，才算得有用，这班骗人的偶像倘不破坏，岂不教人永远上当么？

泥塑木雕的偶像，本来是件无用的东西，只因有人尊重他，崇拜他，对他烧香磕头，说他灵验，于是乡愚无知的人，迷信这人造的偶像真有赏善罚恶之权，有时便不敢作恶，似乎这偶像却很有用。

但是偶像这种用处，不过是迷信的人自己骗自己，非是偶像自身真有什么能力。这种偶像倘不破坏，人间永远只有自己骗自己的迷信，没有真实合理的信仰，岂不可怜！

天地间鬼神的存在，倘不能确实证明，一切宗教，都是一种骗人的偶像：阿弥陀佛是骗人的，耶和华上帝也是骗人的，玉皇大帝也是骗人的，一切宗教家所尊重的崇拜的神佛仙鬼，都是无用的骗人的偶像，都应该破坏！

古代草昧初开的民族，迷信君主是天的儿子，是神的替身，尊重他，崇拜他，以为他的本领与众不同，他才能统一国土。

其实君主也是一种偶像，他本身并没有什么神圣出奇的作用，全靠众人迷信他，尊崇他，才能够号令全国，称做元首。一旦亡了国，像此时清朝皇帝溥仪，俄罗斯皇帝尼古拉斯二世，比寻常人还要可怜。

这等亡国的君主，好像一座泥塑木雕的偶像抛在粪缸里，看他到底有什么神奇出众的地方呢！但是这等偶像，未经破坏以前，却很有些作怪。请看中外史书，这等偶像害人的事还算少么！

事到如今，这等不但骗人而且害人的偶像，已被我们看穿，还不应该破坏么？

国家是个什么？照政治学家的解释，越解释越教人糊涂。

我老实说一句，国家也是一种偶像。一个国家，乃是一种或数种人民集合起来，占据一块土地，假定的名称；若除去人民，单剩一块土地，便不见国家在那里，便不知国家是什么。可见国家也不过是一种骗人的偶像，他本身亦无什么真实能力。

现在的人所以要保存这种偶像的缘故，不过是藉此对内拥护贵族财主的权利，对外侵害弱国小国的权利罢了。（若说到国家自卫主义，乃不成问题。自卫主义，因侵害主义发生。若无侵害，自卫何为？侵害是因，自卫是果。）

世界上有了什么国家，才有什么国际竞争。

现在欧洲的战争，杀人如麻，就是这种偶像在那里作怪。我想各国的人民若是渐渐都明白世界大同的真理，和真正和平的幸福，这种偶像就自然毫无用处了。但是世界上多数的人，若不明白他是一种偶像，而且明白这种偶像的害处，那大同和平的光明，恐怕不会照到我们眼里来！

世界上男子所受的一切勋位荣典，和我们中国女子的节孝牌坊，也算是一种偶像。因为功业无论大小，都有一个相当的纪念在人人心目中。节孝必出于自身主观的自动的行为，方有价值；若出于客观的被动的虚荣心，便和崇拜偶像一样了。虚荣心伪道德的坏处，较之于道德尤甚。这种虚伪的偶像倘不破坏，却是真功业真道德的大障碍！

破坏！破坏偶像！破坏虚伪的偶像！

吾人信仰，当以真实的合理的为标准。宗教上，政治上，道德上，自古相传的虚荣，欺人不合理的信仰，都算是偶像，都应该破坏！此等虚伪的偶像倘不破坏，宇宙间实在的真理和吾人心坎儿里彻底的信仰永远不能合一！

《新青年》罪案之答辩书

本志经过三年，发行已满三十册；所说的都是极平常的话，社会上却大惊小怪，八面非难，那旧人物是不用说了，就是呱呱叫的青年学生，也把《新青年》看做一种邪说、怪物，离经叛道的异端，非圣无法的叛逆。本志同人，实在是惭愧得很；对于吾国革新的希望，不禁抱了无限悲观。

社会上非难本志的人，约分两种：一是爱护本志的，一是反对本志的。第一种人对于本志的主张，原有几分赞成；惟看见本志上偶然指斥那世界公认的废物，便不必细说理由，措词又未装出绅士的腔调，恐怕本志因此在社会上减了信用。像这种反对，本志同人是应该感谢他们的好意。

这第二种人对于本志的主张，是根本上立在反对的地位了。他们所非难本志的，无非是破坏孔教，破坏礼法，破坏国粹，破坏贞节，破坏旧伦理（忠、孝、节、义）。破坏旧艺术（中国戏），破坏旧宗教（鬼神），破坏旧文学，破坏旧政治（特权人治），这几条罪案。

这几条罪案，本社同人当然直认不讳。但是追本溯源，本志同人本来无罪，只因为拥护那德莫克拉西（Democracy）和赛因斯（Science）两位先生，才犯了这几条滔天的大罪。要拥护那德先生，便不得不反对孔教、礼法、贞节、旧伦理、旧政治。要拥护那赛先生，便不得不反对旧艺术、旧宗教。要拥护德先生又要拥护赛先生，便不得不反对国粹和旧文学。大家平心细想，本志除了拥护德、赛两先生之外，还有别项罪案没有呢？若是没有，请你们不用专门非难本志，要有气力、有胆量来反对德、赛两先生，才算是好汉，才算是根本的办法。

社会上最反对的，是钱玄同先生废汉文的主张。钱先生是中国文字音韵学的专家，岂不知道语言文字自然进化的道理？（我以为只有这一个理由可以反对钱先生。）他只因为自古以来汉文的书籍，几乎每本、每页、每行，都带着反对德、赛两先生的臭味；又碰着许多老少汉学大家，开口一个国粹，闭口一个古说，不啻声明汉学是德、赛两先生天造地设的对头。他愤极了才发出这种激切的议论，像钱先生这种“用石条压驼背”的医法，本志同人多半是不大赞成的。但是社会上有一班人，因此怒骂他，讥笑他，却不肯发表意见和他辩驳，这又是什么道理呢？难道你们能断定汉文是永远没有废去的日子吗？

西洋人因为拥护德、赛两先生，闹了多少事，流了多少血，德、赛两先生才渐渐从黑暗中把他们救出，引到光明世界。我们现在认定，只有这两位先生可以救治中国政治上、道德上、学术上、思想上一切的黑暗。若因为拥护这两位先生，一切政府的压迫，社会的攻击笑骂，就是断头流血，都不推辞。

此时正是我们中国用德先生的意思废了君主第八年的开始，所以我要写出本志得罪社会的原由，布告天下。

《新青年》宣言

本志具体地主张，从来未曾完全发表。社员各人持论，也往往不能尽同。读者诸君或不免怀疑，社会上颇因此发生误会。现当第七卷开始，敢将全体社员的共同意见，明白宣布。就是后来加入的社员，也共同担负此次宣言的责任。但“读者言论”一栏，乃为容纳社外异议而设，不在此例。

我们相信世界上的军国主义和金力主义，已经造了无穷罪恶，现在是应该抛弃了。

我们相信世界各国政治上、道德上、经济上因袭的旧观念中，有许多阻碍进化而且不合情理的部分。我们想求社会进化，不得不打破“天经地义”“自古如斯”的成见；决计一面抛弃此等旧观念，一面综合前代贤哲当代贤哲和我们自己所想的，创造政治上、道德上、经济上的新观念，树立新时代的精神，适应新社会的环境。

我们理想的新时代新社会，是诚实的、进步的、积极的、自由的、平等的、创造的、美的、善的、和平的、相爱互助的、劳动而愉快的、全社会幸福的。希望那虚伪的、保守的、消极的、束缚的、阶级的、因袭的、丑的、恶的、战争的、轧轹不安的、懒惰而烦闷的、少数幸福的现象，渐渐减少，至于消灭。

我们新社会的新青年，当然尊重劳动；但应该随个人的才能兴趣，把劳动放在自由愉快艺术美化的地位，不应该把一件神圣的东西当做维持衣食的条件。

我们相信人类道德的进步，应该扩张到本能（即侵略性及占有心）以上的生活；所以对于世界上各种民族，都应该表示友爱互助的情谊。但是对于侵略主义、占有主义的军阀、财阀，不得不以敌意招待。

我们主张的是民众运动社会改造，和过去及现在各摄政党，绝对断绝关系。

我们虽不迷信政治万能，但承认政治是一种重要的公共生活；而且相信真的民主政治，必会把政权分配到人民全体，就是有限制，也是拿有无职业做标准，不拿有无财产做标准。这种政治，确是造成新时代一种必经的过程，发展新社会一种有用的工具。至于政党，我们也承认他是运用政治应有的方法；但对于一切拥护少数人私利或一阶级利益，眼中没有全社会幸福的政党，永远不忍加入。

我们相信政治、道德、科学、艺术、宗教、教育，都应该以现在及将来社会生活进步的实际需要为中心。

我们因为要创造新时代新社会生活进步所需要的文学道

德，便不得不抛弃因袭的文学道德中不适用的部分。

我们相信尊重自然科学实验哲学，破除迷信妄想，是我们现在社会进化的必要条件。

我们相信尊重女子的人格和权利，已经是现在社会生活进步的实际需要；并且希望他们个人自己对于社会责任有彻底的觉悟。

我们因为要实验我们的主张，森严我们的壁垒，宁欢迎有意识有信仰的反对，不欢迎无意识无信仰的随声附和。但反对的方面没有充分理由说服我们以前，我们理当大胆宣传我们的主张，出于决断的态度；不取乡愿的、紊乱是非的、助长惰性的、阻碍进化的、没有自己立脚地的调和论调；不取虚无的、不着边际的、没有信仰的、没有主张的、超实际的、无结果的绝对怀疑主义。

五四运动的精神是什么

如若有人问五四运动的精神是什么？大概的答词必然是爱国救国。我以为五四运动的发生，是受了日本和本国政府的两种压迫而成的，自然不能说不是爱国运动。但是我们的爱国运动，远史不必说，即以近代而论，前清末年，也曾发生过爱国运动，而且上海有爱国学社和爱国女学校。十年前就有标榜爱国主义的运动。何以社会上对于五四运动无论是赞美、反对或不满足，都有一种新的和前者爱国运动不同的感想呢？他们所以感想不同的缘故，是五四运动的精神，的确比前者爱国运动有不同的地方。这不同的地方，就是五四运动特有的精神。这种精神就是：（一）直接行动；（二）牺牲的精神。

直接行动，就是人民对于社会、国家的黑暗，由人民直接行动，加以制裁，不诉诸法律，不利用特殊势力，不依赖代表。因为法律是强权的护符，特殊势力是民权的仇敌，代议员是欺骗者，决不能代表公众的意见。清末革命的时候，人人都以为从此安宁了，不料袁世凯秉政结果，反而不好。

袁世凯死的时候，人人又以为从此可以安宁了，不料现在的段祺瑞、徐世昌执政，国事更加不好。这个时候，中国人因为对于各方面的失望，大有坐以待毙的现象。自从德国大败、俄国革命以后，世界上的人思想多一变。于是，中国人也受了两个教训：一是无论南北，凡军阀都不应当存在；一是人民有直接行动的希望。五四运动遂应运而生。一般工商界所以信仰学生，所以对于五四运动有新的和前次爱国运动不同的感想，就是因为学生运动是直接行动，不是依赖特殊势力和代议员的卑劣运动呵！

中国人最大的病根，是人人都想用很小的努力牺牲，得很大的效果。这病不改，中国永远没有希望。社会上对于五四运动，与以前的爱国运动的感想不同，也是因为有无牺牲的精神的缘故。然而我以为五四运动的结果，还不甚好。为什么呢？因为牺牲小而结果大，不是一种好现象。在青年的精神上说起来，必定要牺牲大而结果小，才是好现象。此时学生牺牲的精神，若是不如去年，而希望的结果，却还要比去年的大，那更不是好的现象了。

以上这两种精神，就是五四运动重要的精神。我希望诸君努力发挥这两种精神，不但特殊势力和代议员不是好东西，就是工商界也不可依赖。不但工商界不可依赖，就是学界之中，都不可依赖。最后只有自己可靠，只好依赖自己。

“五四”运动时代过去了吗？

有人以为“五四”运动时代已经过去了，时代已经走到前面，人们的思想如果停留在“五四”运动时代，那就未免太落后了。

这种意见是正确的吗？要研究“五四”运动时代已否过去，必须要明白“五四”运动时代是什么一个时代，且必须具体的指出“五四”运动时代要求的是什么，现在是否还有这些要求，如此则“五四”运动所代表的时代性，和这一时代现在是否已经过去，便不许闭眼胡说了。

“五四”运动时代所要求的是：

反对日本帝国主义的侵略及卖国贼。

反对旧礼教的束缚，提倡思想解放，妇女解放，以扫荡封建的残余。

提倡科学，破除迷信，建设工业。

反对古典文，提倡语体文，以为普及教育和文化的工具。

提倡民权，反对官僚政治。

这些要求现在已经过去了，或完全过去了吗？“五四”运动时代不是孤立的，由辛亥革命而“五四”运动，而“五卅”运动、北伐战争，而抗日战争，是整个的民主革命运动时代之各个事变。在各个事变中，虽然参加社会势力广度之不同，运动要求的深度之不同，而民主革命的时代性，并没有根本的差别。所以“五四”运动的缺点，乃参加运动的主力仅仅是些青年知识分子，而没有生产大众，并不能够说这一运动的时代性已经过去。这一时代性不但现在不曾过去，即在近的将来，离开了民主革命的要求（民族独立也是民主革命的要求之一），不会推动什么革命，并且连规模较大的运动也不会有。政治经济之发展，会因革命的动力不同而异其形态，而推动革命的历史任务，必然是民主民族的要求，这是中国历史发展的条件所决定的，人们头脑中的幻想不能够改变它。

正因为有些人们虽然口中也曾说中国革命是资产阶级性的民主革命，实际上并没有认真的了解和正确的把握住这一历史条件所决定的时代性，所以才会有“五四”运动时代已经过去这样的见解……

现在或者已经过去的是这班头脑错乱的人们，而不是“五四”运动时代，现在一代的青年，不可再得复这样的错误了。所以我在大家回忆“五四”运动的今天，不得不指出“五四”运动之具体要求所代表的时代性，这不仅仅为了说明“五四”运动的意义，重要的还是为了指出青年们参加政治运动的据点，即是：无保留的以百分之百的力量参加一切民主民族的斗争。

新文化运动是什么？

“新文化运动”这个名词，现在我们社会里很流行；究竟新文化的内容是些什么，倘然不明白他的内容，会不会有因误解及缺点而发生流弊的危险，这都是我们赞成新文化运动的人应该注意的事呵！

要问新文化运动是什么，先要问“新文化”是什么；要问新文化是什么，先要问“文化”是什么。文化是对军事、政治（是指实际政治而言，至于政治哲学仍应该归到文化。）文化底内容，是包含着科学、宗教、道德、文学、美术、音乐等运动。

科学有广狭二义：狭义的是指自然科学而言，广义的是指社会科学而言。社会科学是拿自然科学的方法用在一切社会人事的学问上，像社会学、伦理学、历史学、法律学、经济学等，凡用自然科学方法来研究、说明的都算是科学；这乃是科学最大的效用。我们中国人向来不认识自然科学以外的学问，也有科学的权威；向来不认识自然科学以外的学问，也要受科学的洗礼；向来不认识西洋除自然科学外没有别种应该输入我们东洋的文化；向来不认识中国底学问有应受科学洗礼的必要。我们要改去从前的错误，不但应该提倡自然科学，并且研究、说明一切学问（国故也包括在内），都应该严守科学方法，才免得昏天黑地乌烟瘴气的妄想、胡说。现在新文化运动声中，有两种不祥的声音：一是科学无用了，我们应该注重哲学；二是西洋人现在也倾向东方文化了。各国政治家资本家固然利用科学做了许多罪恶，但这不是科学本身底罪恶；科学无用，这句话不知从何说起？我们的物质生活上需要科学，自不待言；就是精神生活离开科学也很危险。哲学虽不是抄集各种科学结果所能成的东西，但是不用科学的方法下手研究、说明的哲学，不知道是什么一种怪物！杜威博士在北京现在演讲底“现代的三个哲学家”，一个是美国的詹姆士，一个是法国的柏格森，一个是英国罗素，都是代表现代思想的哲学家，前两个是把哲学建设在心理学上面，后一个是把哲学建设在数学上面，没有一个不采用科学方法的。用思想的时候，守科学方法才是思想，不守科学方法便是诗人底想象或愚人底妄想，想象、妄想，和思想大不相同。哲学是关于思想的学问，离开科学谈哲学，所以现在有一班青年，把周秦诸子，儒佛耶回，康德黑格尔横拉在一起说一阵昏话，便自命为哲学大家，这不是怪物是什么？西洋文化我们固然不能满意，但是东方文化我们更是领教了，他的效果人人都是知道的，我们但有一毫一忽羞恶心，也不至以此自夸。西洋人也许有几位别致的古董先生怀着好奇心要倾向他；也许有些圆通的人拿这话来应酬东方的土政客，以为他们只听得懂这些话；也许有些人故意这样说来迎合一般朽人底心理；但是主张新文化运动底青年，万万不可为此呓语所误。“科学无用了”“西洋人倾向东方文化了”这两个妄想倘然合在一处，是新文化运动一个很大的危机！

宗教在旧文化中占很大的一部分，在新文化中也自然不能没有他。人类底行为动作，完全是因为外部的刺激，内部发生反应。有时外部虽有刺激，内部究竟反应不反应，反应取什么方法，知识固然可以居间指导，真正反应进行底司令，最大部分还是本能上的感情冲动。利导本能上的感情冲动，叫他浓厚、挚真、高尚，知识上的理性、德义都不及美术音乐宗教底力量大。知识和本能倘不相并发达，不能算人间性完全发达。所以詹姆士不反对宗教，凡是社会上有实际需要的实际主义者都不应反对。因为社会上若还需要宗教，我们反对是无益的，只有提倡较好的宗教来供给这需要，来代替那较不好的宗教，才真是一件有益的事。罗素也不反对宗教，他预言将来须有一新宗教。我以为新宗教没有坚固的起信基础，除去旧宗教传说的附会的非科学的迷信，就算是新宗教。有人嫌宗教是他力；请问扩充我们知识底学说，利导我们感情底美术、音乐哪一样，免了他力？又有人以为宗教只有相对的价值，没有绝对的价值，请问世界上什么东西有绝对价值？现在主张新文化运动的人，既不注意美术音乐，又要反对宗教，不知道要把人类生活弄成一种什么机械的状况，这是完全不了解我们生活活动的本源，这是一桩大错。我就是首先认错的一个人。

我们不满意于旧道德。是因为孝弟底范围太狭了。说什么爱有等差，施及亲始，未免太滑头了。就是达到他们人人亲其亲、长其长的理想世界，那时社会的纷争恐怕更加厉害；所以现代道德底理想，是要把家庭的孝弟扩充为全社会的友爱。现在有一班青年却误解了这个意思，他并没有将爱情扩充到社会上，他却打着新思想新家庭的旗帜，抛弃了他的慈爱的、可怜的老母；这种人岂不是误解了新文化运动的意思？因为新文化运动是主张教人把爱情扩充，不主张教人把爱情缩小。

通俗易解是新文学底一种要素，不是全体要素。现在欢迎白话文的人，大半只因他通俗易解；主张白话文的人，也有许多只注意通俗易解。文学、美术、音乐都是人类最高心境底表现，白话文若是只以通俗易解为止境，不注意文学的价值，那便只能算是通俗文，不配说是新文学，这也是新文化运动中一件容易误解的事。

欧美各国学校里、社会里、家庭里，充满了美术和音乐的乐趣自不待言；就是日本社会及个人的音乐、美术及各种运动、娱乐，也不像我们中国人底生活这样干燥无味。有人反对妇女进庙烧香青年人逛新世界。我却不以为然。因为他们去烧香去逛新世界，总比打麻雀好。吴稚晖先生说：“中国有三种大势力，一是孔夫子，一是关老爷，一是麻先生。”我以为麻先生底势力比孔关两位还大，不但信仰他的人比信仰孔关的人多，而且是真心信仰，不像信仰孔关的还多半是装饰门面。平时长幼尊卑男女底界限很严，只有麻先生底力量可以叫他们鬼混做一团。他们如此信仰这位麻先生虽然是邪气，我也不反对；因为他们去打麻雀，还比吸鸦片烟好一点。鸦片烟、麻雀何以有这般力量叫我们堕落到现时的地步？这不是偶然的事，不是一个简单的容易解决的问题，不是空言劝止人不要吸烟打牌可以有效的。那吸烟打牌的人，也有他们的一面理由；因为我们中国人社会及家庭的音乐、美术及各种运动娱乐一样没有，若不去吸烟打牌，资本家岂不要闲死，劳动者岂不要闷死？所以有人反对郑曼陀底仕女画，我以为可以不必；有人反对新年里店家打十番锣鼓，我以为可以不必；有人反对大舞台、天蟾舞台底皮簧戏曲，我以为也可以不必。表现人类最高心情底美术音乐，到了郑曼陀底仕女画、十番锣鼓、皮簧戏曲这步田地，我们固然应该为西洋人也要来倾向的东方文化一哭；但是倘若并这几样也没有，我们民族的文化连美术、音乐底种子都绝了，岂不更加可悲！所以蔡孑民先生曾说道：“新文化运动莫忘了美育。”前几天我的朋友张申甫给我的一封信里也说道：“宗教本是发宣人类的不可说的最高的情感（罗素谓之‘精神’Spirit）的，将来恐怕非有一种新宗教不可。但美术也是发宣人类最高的情感的（罗丹说‘美是人所有的最好的东西之表示，美术就是寻求这个美的’就是这个意思）。而且宗教是偏于本能的，美术是偏于知识的，所以美术可以代宗教，而合于近代的心理。现在中国没有美术真不得了，这才真是最致命的伤。社会没有美术的趣味，所以社会是干枯的，种种东西都没有美术的趣味，所以种种东西都是干枯的；又何从引起人的最高情感？中国这个地方若缺知识，还可以向西方去借；但若缺美术，那便非由这个地方的人自己创造不可。”

关于各种新文化运动中底误解及缺点，上面已经略略说过；另外还有应该注意的三件事：

一、新文化运动要注重团体的活动。

美公使说中国人没有组织力，我以为缺乏公共心才没有组织力。忌妒独占的私欲心，人类都差不多。西洋人不比中国人特别好些；但是他们有维持团体的公共心牵制，所以才有点组织能力，不像中国人这样涣散。中国人最缺乏公共心，纯然是私欲心用事，所以遍政界、商界、工界、学界、没有十人以上不冲突，三五年不涣散的团体。最近学生运动里也发生了无数内讧，和南北各派政争遥遥相映。新文化运动倘然不能发挥公共心，不能组织团体的活动，不能造成新集合力，终究是一场失败，或是效力极小。中国人缺乏公共心，全是因为家族主义太发达的缘故。有人说是个人主义妨碍了公共心，这却不对。半聋半瞎的八十衰翁，还要拼着老命做官发财，买田置地，简直是替儿孙做牛马，个人主义决不是这样。那卖国贪赃的民贼，也不尽为自己享乐，有许多竟是省吃俭用的守财奴。所以我以为戕贼中国人公共心的不是个人主义，中国人的个人权利和社会公益，都做了家庭底牺牲品。“各人自扫门前雪，不管他人瓦上霜。”这两句话描写中国人家庭主义独盛没有丝毫公共心，真算是十足了。

二、新文化运动要注重创造的精神。

创造就是进化，世界上不断的进化只是不断的创造，离开创造便没有进化了。我们不但对于旧文化不满足，对于新文化也要不满足才好；不但对于东方文化不满足，对于西洋文化也要不满足才好；不满足才有创造的余地。我们尽可以前无古人，却不可后无来者；我们固然希望胜过我们的父亲，我们更希望我们不如我们的儿子。

三、新文化运动要影响到别的运动上面。

新文化运动影响到军事上，最好能令战争止住，其次也要叫他做新文化运动的朋友不是敌人。新文化运动影响到产业上，应该令劳动者觉悟到他们自己的地位，令资本家要把劳动者当做同类的人看待，不要当做机器、牛马、奴隶看待。新文化运动影响到政治上，是要创造新的政治理想，不要受现实政治底羁绊。譬如中国底现实政治，什么护法，什么统一，都是一班没有饭吃的无聊政客在那里造谣生事，和人民生活，政治理想都无关系，不过是各派的政客拥着各派的军人争权夺利，好像狗争骨头一般了。他们争夺的是狗的运动，新文化运动是人的运动；我们只应该拿人的运动来轰散那狗的运动，不应该抛弃我们人的运动去加入他们狗的运动。

爱国者与自觉心

范围天下人心者，情与智二者而已。伊古大人，胥循此辙。殉乎情者，孤臣烈士，游侠淫奔，杀身守志，不计利害者之所为。昵于智者，辨理析疑，权衡名实，若理学哲家是矣。情之用百事之贞，而其蔽也愚，智之用万物之理，而其蔽也靡。古之人情之盛，莫如屈平，愤世忧国，至于自沉。智之盛者，莫如老聃，了达世谛，骑牛而逝。斯于二者各用其极矣。

今之中国，人心散乱，感情智识，两无可言。惟其无情，故视公共之安危，不关己身之喜戚，是谓之无爱国心。惟其无智，既不知彼，复不知此，是谓之无自觉心。国人无爱国心者，其国恒亡。国人无自觉心者，其国亦殆。二者俱无，国必不国。呜呼！国人其已陷此境界否耶？

爱国心为立国之要素，此欧人之常谈，由日本传之中国者也。中国语言，亦有所谓忠君爱国之说。惟中国人之视国家也，与社稷齐观，斯其释爱国也，与忠君同义。盖以此国家，此社稷，乃吾君祖若宗艰难缔造之大业，传之子孙，所谓得天下是也。若夫人民，惟为缔造者供其牺牲，无丝毫自由权利与幸福焉，此欧洲各国宪政未兴以前之政体，而吾华自古迄今，未之或改者也。近世欧美人之视国家也，为国人共谋安宁幸福之团体。人民权利，载在宪章，犬马民众，以奉一人，虽有健者，莫敢出此。欧人之视国家，既与邦人大异，则其所谓爱国心者，与华语名同而实不同。欲以爱国诏国人者，不可不首明此义也。

国家之义既明，则谓吾华人无爱国心也可，谓吾华人未尝有爱国者亦可，即谓吾华人未尝建设国家亦无不可。何以云然？吾华未尝有共谋福利之团体，若近世欧美人之所谓国家也。土地、人民、主权者，成立国家之形式耳。人民何故必建设国家，其目的在保障权利，共谋幸福，斯为成立国家之精神。吾国伊古以来，号为建设国家者，凡数十次，皆未尝为吾人谋福利，且为戕害吾人福利之蟊贼。吾人数千年以来所积贮之财产，所造作之事物，悉为此数十次建设国家者破坏无余。凡百施政，皆以谋一姓之兴亡，非计及国民之忧乐，即有圣君贤相，发政施仁，亦为其福祚攸长之计，决非以国民之幸福与权利为准的也。若而国家实无立国之必要，更无爱国之可言。过昵感情，侈言爱国，而其智识不足理解国家为何物者，其爱之也愈殷，其愚也益甚。由斯以谭，爱国心虽为立国之要素，而用适其度，智识尚焉。其智维何？自觉心是也。

爱国心，情之属也。自觉心，智之属也。爱国者何？爱其为保障吾人权利谋益吾人幸福之团体也。自觉者何？觉其国家之目的与情势也。是故不知国家之目的而爱之则罔，不知国家之情势而爱之则殆，罔与殆，其蔽一也。

不知国家之目的而爱之者，若德、奥、日本之国民是也。德、奥、日本，非所谓立宪国家乎？其国民之爱国心，非天下所共誉者乎？然德人为其君所欺，弃毕相之计，结怨强俄，且欲与英吉利争海上之雄，致有今日之剧战，流血被野，哀音相闻，或并命孤城，或碎身绝域，美其名曰为德意志民族而战也，实为主张帝王神权之凯撒之野心而战耳。德帝之恒言曰，世界威权，天有上帝，地有凯撒。大书特书于士卒之冠曰“为皇帝为祖国而出征”，为皇帝其本怀，为祖国只诳语耳。奥之于塞，侵凌已久，今以其君之子，不惜亡国破军，以图一逞，即幸而胜，亦所谓一将功成万骨枯耳，于国人有何福利也。若塞耳维亚，若比利时，乃为他人侵犯其自由而战者也。若奥地利，若德意志，乃为侵犯他人之自由而战者也。为他人侵犯其自由而战者，爱国主义也。为侵犯他人之自由而战，帝国主义也。爱国主义，自卫主义也，以国民之福利为目的者也，若塞、比是矣。帝国主义，侵略主义也。君相利用国民之虚荣心以增其威权为目的者也，若德、奥是矣。日本维新以来，宪政确立，人民权利，可得而言矣。一举而破中国，再举而挫强俄，国家威权莫或敢侮矣。若犹张皇六师，目不暇给，竭内以饰外，赋重而民疲，吾恐其国日强，其民胥冻馁以死。强国之民，福利安在，是皆误视帝国主义为爱国主义，而供其当局示威耀武之牺牲者也。夫帝国主义，人权自由主义之仇敌也，人道之洪水猛兽也。此物不僵，宪政终毁，行见君主民奴之制复兴，而斯民之憔悴于赋役干戈者，无宁日矣。人民不知国家之目的而爱之，而为野心之君相所利用，其害有如此者。不知国家之情势而爱之者，若朝鲜、土耳其、日本、墨西哥及中国皆是也。朝鲜地小民贫，古为人属，君臣贪残，宇内无比。自并于日本，百政具兴。盗贼敛迹，讼狱不稽，尤为其民莫大之福。然必欲兴复旧主，力抗强邻，诚见其损，未睹其益。土耳其宪政初行，国基未固，不自量度，与意争衡，一战而败，军覆国削。今复佐德抗俄，列强治外之权，欲一旦悍然夺之，吾恐其国难之将作矣。俄之败于日也，越国万里，且非倾国之师，日率国力，岂堪久战？介美行成，诚非得已，而其国民愤詈当涂，不自审矣。墨西哥名为共和，实则其民昏乱，无建设国家之力。枭雄争权于朝，地主肆虐于野，民不堪命久矣，使其翻然自觉，附美为联，其人民自由幸福，必远胜于今日。必欲独立，恐其革命相循，而以兵得政以政虐民之风不易革也。吾国自开港以来，情见势绌。甲午庚子之役，皆以不达情势，辱国丧师，元气大损。今者民益贫敝，资械不继，士气不振，开衅强邻，讵有幸理。然当国者袭故相以夷制夷之计，揖盗自损，同一自损，较之甲得乙失，我何择焉。而书生之见，竟欲发愤兴师，为人作嫁，其亦不可以已乎。凡此诸国所行，岂无一二壮烈之为。吾人所儆，惟不自觉其国之情势，客亟乘之，爱国适以误国，谋国者不可不审也。

假令前说为不谬，吾国将来之时局，可得而论定矣。自爱国心之理论言之，世界未跻于大同，御侮善群，以葆其类，谁得而非之。为国尽瘁，万死不辞，此爱国烈士之行，所以为世重也。然其理简，其情直，非所以应万事万变而不惑。应事变而不惑者，其惟自觉心乎？爱国心，具体之理论也。自觉心，分别之事实也。具体之理论，吾国人或能言之；分别之事实，鲜有慎思明辨者矣。此自觉心所以为吾人亟需之智识，予说之不获已也。

吾国闭关日久，人民又不预政事，内外情势，遂非所知。虽一世名流，每持谬说，若夫怀抱乐观之见，轻论当世之事，以为泱泱大国，物阜民稠，人谋不乖，外患立止，是何所见之疏也。中国而欲为独立国家，税则法权，必不可因仍今日之制。然斯事匪细，非战备毕修，曷其有济，欲修战备，理财尚焉。论时局而计及财政，诚中国存亡之第一关头也。中国经常岁入，约银三万万元，新旧外债约有银二十万万元，利息平均以五厘计之。每年不下一万万元，应还本金，年约五千万元，本利合计，年约一万五千万元。已占岁入之半，此事宁非大异。国非不可举债，若中国之外债，则与他国异趣。中国之外债，乃以国税铁路为抵偿，列强据此以定瓜分之局者也。此事不能自了，无论君主共和，维新复古，瓜分亡国之扃，终无由脱。自今日始，外不举债，内不摸金，上下相和，岁计倍益。年减外债若干，期以十稔，务使不为财政之累。然后十年教养，廿年治军，四十年之后，敌国外患，庶几可宁。若其不揣事情，期于速效，徒欲朘削贫敝之民，残民耀武，以为富强，不啻垂死病夫，饮酖以求淫乐也。其或激于事变，过涉悲观，怵瓜分之危，怀亡国之痛，以为神州不振，将下等于印度，朝鲜之列，此其人用心良苦，而所见则甚愚也。穷究中国之国势人心，瓜分之局，何法可逃；亡国为奴，何事可怖，此予之所大惑也。分割阴谋，成之已久，特来实施者，其形式耳。夫徒欲保此形式，盖无益而难能也。时政乖违，齐民共喻，以今之政，处今之世，法日废耳，吏日贪耳，兵日乱耳，匪日众耳，财日竭耳，民日贫耳，群日溃耳，政纪至此，夫复何言。或云：此固不治，锄而去之，国难自已。此言甚壮，此计亦不得以为非，惟恐国人志行不甚相远，取而代之者，亦非有救民水火之诚，则以利禄毁人如故也，敌视异己如故也，耀兵残民如故也，漠视法治如故也，紊乱财政如故也，膏私无纪殆更有甚焉。以此为政，国何以堪。又或谓：吾民德薄能鲜，共和不便，仍戴旧君，或其宁一。此亦书生之见也。姑无论国体变更，非国人所同愿。满清末造，政迹昭然，其亲贵旧勋，焉有容纳当涂部曲革命党人之雅量，欲以此广舆论之涂，兴代议之制，不其难乎。盖一国人民之智力，不能建设共和，亦未必宜于君主立宪，以其为代议之制则一也。代议政治，既有所不行，即有神武专制之君，亦不能保国于今世，其民无建设国家之智力故也。民无建国之力，而强欲摹拟共和，或恢复帝制，以为救亡之计，亦犹瞽者无见，与以膏炬，适无益而增扰耳。夫政府不善，取而易之，国无恙也。今吾国之患，非独在政府。国民之智力，由面面观之，能否建设国家于二十世纪，夫非浮夸自大，诚不能无所怀疑。然则立国既有所难能，亡国自在所不免，瓜分之局，事实所趋，不肖者固速其成，贤者亦难遏其势。且平情论之，亡国为奴，岂国人之所愿。惟详察政情，在急激者即亡国瓜分，亦以为非可恐可悲之事。国家者，保障人民之权利，谋益人民之幸福者也。不此之务，其国也存之无所荣，亡之无所惜。若中国之为国，外无以御侮，内无以保民，不独无以保民，且适以残民，朝野同科，人民绝望。如此国家，一日不亡，外债一日不止；滥用国家威权，敛钱杀人，杀人敛钱，亦未能一日获已；拥众攘权，民罹锋镝，党同伐异，诛及妇孺，吾民何辜，遭此荼毒！“徯我后，后来其苏。”海外之师至，吾民必且有垂涕而迎之者矣。若其执爱国之肤见，卫虐民之残体，在彼辈视之，非愚即狂，实则国人如此设心，初不为怪。盖保民之国家，爱之宜也；残民之国家，爱之也何居。岂吾民获罪于天，非留此屠戮人民之国家以为罚而莫可赎耶？或谓：恶国家胜于无国家。予则云：残民之祸，恶国家甚于无国家。失国之民诚苦矣，然其托庇于法治国主权之下，权利虽不与主人等，视彼乱国之孑遗，尚若天上焉，安在无国家之不若恶国家哉！其欲保存怨国家者，实欲以保存恶政府，故作危言，以耸国民力争自由者之听，勿为印度，勿为朝鲜，非彼曲学下流，举以讽戒吾民者乎？夷考其实，其言又何啻梦呓也。夫贪吏展牙于都邑，盗贼接踵于国中，法令从心，冤狱山积，交通梗塞，水旱仍天，此皆吾人切身之痛，而为印度，朝鲜人之所无。犹太人非亡国之民乎？寄迹天涯，号为富有，去吾颠连无告之状，殆不可道理计。不暇远征，且观域内，以吾土地之广，惟租界居民得以安宁自由。是以辛亥京津之变，癸丑南京之役，人民咸以其地不立化夷场为憾。此非京、津、江南人之无爱国心也，国家实不能保民而至其爱，其爱国心遂为其自觉心所排而去尔。呜乎！国家国家，尔行尔法，吾人诚无之不为忧，有之不为喜。吾人非咒尔亡，实不禁以此自觉也。

我们究竟应当不应当爱国？

爱国！爱国！这种声浪，近年以来几乎吹满了我们中国的各种社会。就是腐败官僚蛮横军人，口头上也常常挂着爱国的字样，就是卖国党也不敢公然说出不必爱国的话。自从山东问题发生，爱国的声浪更陡然高起十万八千丈，似乎“爱国”这两字，竟是天经地义，不容讨论的了。

感情和理性，都是人类心灵重要的部分，而且有时两相冲突。爱国大部分是感情的产物，理性不过占一小部分，有时竟全然不合乎理性（德国和日本的军人，就是如此）。人类行为，自然是感情冲动的结果。我以为若是用理性做感情冲动的基础，那感情才能够始终热烈坚固不可摇动。当社会上人人感情热烈的时候，他们自以为天经地义的盲动，往往失了理性，做出自己不能认识的罪恶（欧战时法国、英国市民打杀非战派，就是如此）。这是因为群众心理不用理性做感情的基础，所以群众的盲动，有时为善，有时也可为恶。因此我要在大家热心盲从的天经地义之“爱国”声中，提出理性的讨论，问问大家，我们究竟应当不应当爱国？

若不加以理性的讨论，社会上盲从欢呼的爱国，做官的用强力禁止我们爱国，或是下命令劝我们爱国，都不能做我们始终坚持有信仰的行为之动机。

要问我们应当不应当爱国，先要问国家是什么。原来国家不过是人民集合对外抵抗别人压迫的组织，对内调和人民纷争的机关。善人利用他可以抵抗异族压迫，调和国内纷争。恶人利用他可以外而压迫异族，内而压迫人民。

我们中华民族，自古闭关，独霸东洋，和欧、美、日本通商立约以前，只有天下观念，没有国家观念。所以爱国思想，在我们普遍的国民根性上，印象十分浅薄。要想把爱国思想，造成永久的非一时的，和自古列国并立的欧洲民族一样，恐怕不大容易。

欧洲民族，自古列国并立，国家观念很深，所以爱国思想，成了永久的国民性。近来有一部分思想高远的人，或是相信个人主义，或是相信世界主义，不但窥破国家是人为的不是自然的没有价值，并且眼见耳闻许多对内对外的黑暗罪恶，都是在国家名义之下做出来的。他们既然反对国家，自然不主张爱国的了。在他们眼里看起来，爱国就是害人的别名。所以他们把爱国杀身的志士，都当做迷妄疯狂。

我们中国人无教育无知识无团结力，我们不爱国，和那班思想高远的人不爱国，决不是一样见解。官场阻止国民爱国运动，不用说更和那班思想高远的人用意不同。我现在虽不能希望我们无教育无知识无团结力的同胞都有高远思想，我却不情愿我们同胞长此无教育无知识无团结力。即是相信我们同胞从此有教育有知识有团结力，然后才有资格和各国思想高远的人公同组织大同世界。

我们中国是贫弱受人压迫的国家，对内固然造了许多罪恶，“爱国”二字往往可以用做搜刮民财压迫个人的利器，然而对外一时万没有压迫别人的资格。若防备政府利用国家主义和国民的爱国心，去压迫别国人，简直是说梦话。

思想高远的人反对爱国，乃是可恶野心家利用他压迫别人。我们中国现在不但不能压迫别人，已经被别人压迫得几乎没有生存的余地了。并非压迫别人，以为抵抗压迫自谋生存而爱国，无论什么思想高远的人，也未必反对。个人自爱心无论如何发达，只要不伤害他人生存，没有什么罪恶。民族自爱心无论如何发达，只要不伤害他族生存，也没有什么罪恶。据以上的讨论，若有人问：我们究竟应当不应当爱国？我们便大声答道：

我们爱的是人民拿出爱国心抵抗被人压迫的国家，不是政府利用人民爱国心压迫别人的国家。

我们爱的是国家为人民谋幸福的国家，不是人民为国家做牺牲的国家。

辩诉状

予行年五十有五矣，弱冠以来，反抗帝制，反抗北洋军阀，反抗封建思想，反抗帝国主义，奔走呼号，以谋改造中国者，于今三十余年。前半期，即“五四”以前的运动，专在知识分子方面，后半期，乃转向工农劳苦人民方面。盖以大战后，世界革命大势及国内状况所明示，使予不得不有此转变也。

半殖民地的中国，经济落后的中国，外困于国际资本帝国主义，内困于军阀官僚。欲求民族解放，民主政治之成功，决非懦弱的妥协的上层剥削阶级全躯保妻子之徒，能实行以血购自由的大业。并且彼等畏憎其素所践踏的下层民众之奋起，甚于畏憎帝国主义与军阀官僚。因此，彼等亦不欲成此大业。只有最受压迫最革命的工农劳苦人民和全世界反帝国主义反军阀官僚的无产阶级势力，联合一气，以革命怒潮，对外排除帝国主义的宰制，对内扫荡军阀官僚的压迫，然后中国的民族解放，国家独立与统一，发展经济，提高一般人民的生活，始可得而期。工农劳苦人民一般的斗争，与中国民族解放的斗争，势已合流并进，而不可分离。此即予于五四运动以后开始组织中国共产党之原因也。

共产党之终极目的，自然是实现无剥削无阶级人人“各尽所能各取所需”的自由社会。即是：一切生产工具收归社会公有，由社会公共机关，依民众之需要计生产消费之均衡，实行有计划的生产与分配，使社会的物质生产力较今日财产私有自由竞争的资本主义社会有高度发展，使社会物质力量日渐达到足够各取所需的程度。所以共产主义，在经济学上是一种比资本主义更高度发展的生产制，犹之资本主义较高于封建生产制也。此决非世俗所认为简单的各个穷人夺取各个富人财产之意义。此种生产制，决非我等之空想。经济落后的俄国，已有初步尝试，而获得初步成功。全世界所有资本主义生产制的国家无不陷于经济恐慌的深渊，独苏联日即繁荣。此新的生产制之明效大验，众人之所周知也。

中国推翻帝制的革命，先于苏联者七年。今日二者之荣枯，几不可比拟，其故可深长思矣。或谓共产主义不适宜于中国，是妄言也。此一终极目的，固非旦夕所能完成，亦非“和平”所能实现。为实现此目的而清除道路，中国共产党目前的任务：

一曰：反抗帝国主义以完成中国独立。盖以中国的海关、矿山、工厂、金融、交通等经济命脉，都是直接间接宰制于帝国主义之手，非采取革命行动，击碎此等宰制吾人之镣锁，中国民族工业将无发展之可能。列强的海陆空军威吓着全国大都市，日本更以武力强占了中国领土五分之一，此而不加抵抗，或空言欺骗，均与卖国同科，尚何“民族主义”之足云。

一曰：反抗军阀官僚，以实现国家统一。盖以军阀官僚自由发动他们的内部战争以破坏经济，自由增加苛捐杂税和发行公债以饱私囊，自由制定法律以剥夺人民的自由权利，自由任用私人以黜抑人才、毁坏政治效率，甚至自由勒种鸦片、贩卖鸦片以毒害人民。军阀官僚政治不彻底肃清，所谓国家统一，所谓民力伸张，一切都无从谈起。国家不统一，民力不伸张，国外帝国主义之宰制不推翻，国内的军阀官僚之毒害不扫除，即所谓独立的发展资本主义经济，亦属梦呓。中国终于是半殖民地，终于落后而已。

一曰：改善工农生活。盖以近代产业工人及其所领导的农民，是反抗帝国主义的主要力量。资本家地主及其政府，在物质上精神上抑压工农，即不啻为帝国主义挫折中国民族解放斗争的锋刃。在农业的中国，农民之衰落几等于民族之危亡。倘不没收地主的土地，归诸贫农，农民终岁勤劳只以供地主之剥削，则不独无以挽回农业之就衰及农村之破产，而且农民购买力日弱，直接影响到城市工商业。即令能由城市输资设立农村借贷机关，亦不过向农民增加一种剥削机关而已。

一曰：实现彻底的民主的国民立宪会议。盖以贤人政治及保育政策，已不适于近代国家，更不能存在于民主共和国。北洋军阀既废，代之者只应是人民的（权力），若仍尚贤人与保育，则谁是贤人，堪任师权力保，依何标准，北洋军阀亦得而尸之。况当外患空前的今日，人民无组织，即无能力，无政治自由，即无责任心，亦不应课以责任。若不立即实现全国人民的集会、结社、言论、出版等完全自由，实现普选的全权的国民立宪会议，以制裁卖国残民的军阀官僚，一切政权归诸人民，集合全国人民的力量以解决全国危急问题，其何以立国于今日！

凡此为中国民族利益，为占全国人口大多数的劳苦人民的利益而奋斗之大纲，予以前和现在都愿意公告全中国，以征求全国大多数人民之赞否。共产党是代表无产阶级及一切被剥削被压迫人民的政党，它的成功，是要靠多数人民之拥护，而不尚少数的英雄主义，更非阴谋分子的集团。予前之所行所为，即此物此志，现在及将来之所思所作，亦此物标志，“鞠躬尽瘁，死而后已！”一息尚存，予不忍眼见全国人民辗转悲号于外国帝国主义及本国专制者两重枪尖之下，而不为之挺身奋斗也。

今者国民党政府因予始终尽瘁于革命之故，而加以逮捕，并令其检察官向法院控予“危害民国”及“叛国”之罪，予不但绝对不能承认，而且政府之所控者，恰恰与予所思所行者相反。国者何？土地、人民、主权之总和也，此近代资产阶级国法学者之通论，非所谓“共产邪说”也，故所谓亡国者，恒指外族入据其土地、人民、主权而言，本国某一党派推翻某一党派的政权而代之，不得谓之“亡国”。“叛国”者何？平时外患罪，战时外患罪，泄漏秘密罪，此等叛国罪状，刑法上均有具体说明，断不容以抽象名词漫然影射者也。若认为政府与国家无分，掌握政权者即国家，则法王路易十四“朕即国家”之说，即不必为近代国法学者所摈弃矣。若认为在野党反抗不忠于国家或侵害人民自由权利的政府党，而主张推翻其政权，即属“叛国”，则古今中外的革命政党，无一非曾经“叛国”矣，即国民党亦曾“叛国”矣。袁世凯曾称孙、黄为“国贼”，岂笃论乎?！民国者何？民主共和国之谓也，亦即别于君主专制国之称。欧洲各国推翻专制者，流血以争民主，其内容无他，即力争宪法上集会、结社、言论、出版、信仰之自由权利，及实行不参政不纳税之信条已耳。此不但民主共和国如此，即在民主政治的君主国亦如此，“危害民国”者何？共和政府剥夺人民之自由，剥夺人民之参政权，乃由共和到帝制之先声，罗马历史，十九世纪法兰西及中华民国初年的历史均遗同样之教训于吾人。即或不然，人民无权利无自由，大小无冠之王，到处擅作威福，法律只以制裁小民，文武高等官吏，则在议亲议贵之列，是以共和其名而专制其实矣。倘实失而存其名，则军阀之魁，民众之敌，亦得以“三造共和”自诩，妄人亦或以“共和元勋”称之，其实毁坏民权，罪即类于复辟，以其危害民主共和国之实质也。若认为力争人民的集会、结社、言论、出版、信仰等自由权利，力争实现彻底民主的国民立宪会议以裁判军阀官僚是“危害民国”，则不知所谓民国者，应作何解释？

国民党竭全国人力膏脂以养兵，拥全国军队以搜括人民杀戮异己，对日本侵占国土，始终无诚意抵抗，且制止人民抵抗，摧毁人民组织，钳制人民口舌，使之“镇静”，使之“沉着应付”，即使之驯羊般在国民党指挥之下，向帝国主义屈服，宁至全国沦亡，亦不容人有异词，家有异说，而予则主张由人民自己扩大组织与武装，对帝国主义进行民族解放战争，以解决东北问题，以完成国家独立，试问谁为“叛国”！

国民党政府，以党部代替议会，以训政代理民权，以特别法（如危害民国紧急治罪法及出版法）代替刑法，以军法逮捕审判枪杀普通人民，以刺刀削去了人民的自由权利，高居人民之上，视自己为诸葛亮与伊尹，斥人民为阿斗与太甲，日本帝国主义，方挟“以力服人”之政策对付吾国，同时国民党已挟同样之态度以压吾民，最近竟公然以“背叛党国”之罪枪决新闻记者闻矣。而予则力争表示民主共和国实质的人民自由权力，力争实现普选全权的国民立宪会议，力争民主扩大到它的历史最高阶段，予现在及将来都无篡夺民国为“党国”之企图。试问谁为“危害民国”？故予曰政府之所控者恰恰与予所思所行相反也。

若认为一为共产党人即属犯罪行为，则欧美民主国家若法若英若瑞士等几无此事，各国共产党人莫不有集会、出版、参加选举之自由权利，与一般人民无异，若认为人民反对政府或政府中某一个人，即为有罪，则只远在二千年前周厉王有监谤之巫，始皇有巷议之禁，偶语之刑，汉武帝更有腹诽之罚，彼时固无所谓言论自由也。而廿世纪之民主共和国，似乎不应有此怪现象。若认为宣传共产主义，即“宣传与三民主义不相容之主义”，即为“危害民国”（如《危害民国紧急治罪法》第六条）此直是欧洲中世纪宗教法庭迫害异教徒与科学家的把戏，彼时固无公认之信仰与自由也。而今日之民国绝不容有此，民国而若容有此，则不啻为日本帝国主义证明其“中国非近代国家”之说之非诬。

总之，予生平言论行动，无不光明磊落，无不可以公告国人，予固无罪，罪在拥护中国民族利益，拥护大多数劳苦人民之故而开罪于国民党已耳。惜之“法利赛”不仇视罗马，而仇视为犹太人之自由奋斗的“热狂党”，今之国民党所仇视者，非帝国主义，非军阀官僚，乃彻底反对帝国主义、反对军阀官僚、始终努力于最彻底的民族民主革命的共产党人。日本帝国主义方夺取山海关，急攻热河，而国民党之军队，却向江西集中，其对待共产党人也，杀之囚之，犹以为未足，更师袁世凯之故智，威迫利诱，便之自首告密，此并不〔能〕消灭真正共产主义者，只以破灭廉耻导国人耳。彼等此时有权在手，迫害异己之事，固优为之，予惟有为民族为民众忍受一切牺牲，以待天下后世之评判。若于强权之外，复假所谓法律以入人罪，诬予以“叛国”及“危害民国”；则予一分钟呼吸未停，亦必高声抗议：法院若不完全听命于特殊势力，若尚思对内对外维持若干司法独立之颜面，即应毫不犹疑的宣告予之无罪，并判令政府赔偿予在拘押期内之经济上的健康上的损失！

说老实话

“负责任，说老实话”，汪精卫先生这两句话，特别对于现在的中国人（精卫先生自己和我当然都在内），真是逆耳的良言！

我以为这两句话实在是一句话，不说老实话的人，决不会负责任，话既然不老实，根本便无责任可负。说老实话，可以说是负责任的基本条件。

说老实话的意义，在表面上好像就是不说谎；然而更进一步解释起来，似乎前者比后者还有积极的意义。不说谎，只是消极的不说谎话欺骗人；说老实话，更是积极的举世非之而不顾的把真理说出来。在欧洲许多国的语言中，“老实话”和“真理”可以同用一个字，例如英语之 Truth，俄语之 Pravda。

说谎话说出最高的价值，也不过是宗教；宗教是要靠说谎才能存在的，说老实话乃是科学的。科学家有时也有错误，然错误不过若干假定之不成立，真正科学家都不曾有心说谎。科学正是严肃的制止人们说谎，欢喜说谎的人们所以也厌恶科学。

欧美学术界，自从科学战胜了宗教，能够说老实话的人，日多一日。政治界便逊色多了；然而比起我们的士大夫群，还老实得多。譬如：他们的右派便自称是右派，资本主义者便自认是资本主义者；我们的右派和资本主义者，如果被人称为右派和资本主义者，心中便感觉得不愉快，甚至勃然大怒。

在抗战八股大流行的今天，把宗教般的感情代替了科学，说老实话更是不合时宜了。后方的英勇战士实在太多了，尤其在开会宣言和通电的时候。全民抗战，各党合作，全国精诚团结，民众奋起，歼灭敌人，最后胜利，如此等等，似乎都已经不成问题，事事结果圆满，处处印象极佳，即有一二忧时之士，心所谓危，亦不敢出诸口。此种状况究竟能够支持几久呢？个人不说老实话，其事还小；政府使人不敢说老实话，事情已经够严重了；社会不容许人说老实话，则更糟。至于纯洁的有志青年，也不愿听老实话，而乐于接受浮夸欺骗的宣传，尤其是盲目信从在野党不负责任的胡吹乱道，那便是无药可救了！

现在的环境并不容许我说我所应说的老实话，即偶然吐出万分之一不忍附和时论的话，已经使有些人大大的不快了。我不敢自吹我是敢于说老实话，我只自誓：宁可让人们此时不相信我的说话，而不愿利用社会的弱点和迎合青年的心理，使他们到了醒觉之时，怨我说谎话欺骗了他们！

说老实话的人一天多似一天，说老实话的风气一天盛似一天，科学才会发达，政治才会清明，社会才会有生气，如此国家，自然不易灭亡，即一时因战败而亡，其复兴也可坐而待；否则只会有相反的结果！

我对于鲁迅之认识

世之毁誉过当者，莫如对于鲁迅先生。

鲁迅先生和他的弟弟启明先生，都是《新青年》作者之一人，虽然不是最主要的作者，发表的文字也很不少，尤其是启明先生；然而他们两位，都有他们自己独立的思想，不是因为附和《新青年》作者中哪一个人而参加的，所以他们的作品在《新青年》中特别有价值，这是我个人的私见。

鲁迅先生的短篇幽默文章，在中国有空前的天才，思想也是前进的。在民国十六七年，他还没有接近政党以前，党中一班无知妄人，把他骂得一文不值，那时我曾为他大抱不平。后来他接近了政党，同是那一班无知妄人，忽然把他抬到三十三天以上，仿佛鲁迅先生从前是个狗，后来是个神。我却以为真实的鲁迅并不是神，也不是狗，而是个人，有文学天才的人。

最后，有几个诚实的人，告诉我一点关于鲁迅先生大约可信的消息：鲁迅对于他所接近的政党之联合战线政策，并不根本反对，他所反对的乃是对于土豪劣绅、政客、奸商都一概联合，以此怀恨而终。在现时全国军人血战中，竟有了上海的商人接济敌人以食粮和秘密推销大批日货来认购救国公债的怪现象，由此看来，鲁迅先生的意见，未必全无理由吧！在这一点，这位老文学家终于还保持着一点独立思想的精神，不肯轻于随声附和，是值得我们钦佩的。

蔡孑民先生逝世后感言

“人生自古谁无死”，原来算不了什么，然而我对于蔡孑民先生之死，于公义，于私情，都禁不住有很深的感触！四十年来社会政治之感触！

我初次和蔡先生共事，是在清朝光绪末年。那时杨度生、何海樵、章行严等，在上海发起一个学习炸药以图暗杀的组织，行严写信招我，我由安徽一到上海便加入了这个组织。住上海月余，天天从杨度生、钟宪鬯试验炸药，这时孑民先生也常常来试验室练习、聚谈。我第二次和蔡先生共事，乃是民国五、六、七年间在北京大学。在北大和蔡先生共事较久，我知道他为人也较深了。

一般的说来，蔡先生乃是一位无可无不可的老好人；然有时有关大节的事或是他已下决心的事，都很倔强的坚持着，不肯通融，虽然态度还很温和；这是他老先生可令人佩服的第一点。自戊戌政变以来，蔡先生自己常常倾向于新的进步的运动，然而他在任北大校长时，对于守旧的陈汉章、黄侃，甚至主张清帝复辟的辜鸿铭，参与洪宪运动的刘师培，都因为他们学问可为人师而和胡适、钱玄同、陈独秀容纳在一校；这样容纳异己的雅量，尊重学术思想自由的卓见，在习于专制好同恶异的东方人中实所罕有；这是他老先生更可令人佩服的第二点。

蔡先生没有了，他的朋友，先生的学生，凡是追悼蔡先生的人，都应该服膺他这两点美德呀！

蔡先生逝世后，有一位北大旧同学写信嘱我撰一文，备登公祭时特刊之类，并且说“自五四起，时人间有废弃国粹与道德之议，先生能否于此文辟正之”，关于此问题，我的意见是这样：

凡是一个像样的民族，都有他的文化，或者说他的国粹；在全世界文化的洪炉中，各民族有价值的文化，即是可称为国“粹”而不是国“渣”的，都不容易被熔毁，甚至那一民族灭亡了，他的文化生命比民族生命还要长，问题是在一民族的文化，是否保存在自己民族手中，若一民族灭亡了，甚至还未灭亡，他的文化即国粹乃由别的民族来保存，那便糟透了，“保存国粹”之说，在这点是有意义的，如果有人把民族文化离开全世界文化孤独的来看待，把国粹离开全世界学术孤独的来看待，在抱残守缺的旗帜之下，闭着眼睛自大排外，拒绝域外学术之输入，甚至拒绝用外国科学方法来做整理本国学问的工具，一切学术失了比较研究的机会，便不会择精语详，只有抱着国“渣”当国“粹”，甚至于高喊读经的人，自己于经书的训诂义理毫无所知，这样的国粹家实在太糟了！

人与人相处的社会，法律之外，道德也是一种不可少的维系物，根本否认道德的人，无论他属哪一阶级，哪一党派，都必然是一个邪僻无耻的小人；但道德与真理不同，他是为了适应社会的需要而产生的，他有空间性和时间性，此方所视为道德的，别方则未必然；古时所视为不道德的，现代则未必然，譬如：活焚寡妇，在古代印度视为道德，即重视守节的中国人也未必以为然；寡妇再嫁，在中国视为不道德的事，在西洋即现时的中国，也不算得什么大不好的事；杀人是最不道德的事，然而在战场上能多杀伤人才算是勇士，殉葬和割股更是古代的忠孝美谈；男女平权之说，由西洋传到中国，当然和中国固有的道德即礼教，太不相容了，然而现代的中国绅士们，在这方面已不公然死守固有的道德了。其实男子如果实行男女平权，是需要强毅的自制力之道德的。总之，道德是应该随时代及社会制度变迁，而不是一成不变的；道德是用以自律，而不是拿来责人的；道德是要躬行实践，而不是放在口里乱喊的，道德喊声愈高的社会，那社会必然落后，愈堕落；反之，西洋诸大科学家的行为，不比道貌尊严的神父牧师坏，清代的朴学大师们，比同时汤斌、李光地等一班道学家的心术要善良的多。就以蔡先生而论，他是主张以美育代替宗教的，他是反对祀孔的，他从来不拿道德向人说教，可是他的品行要好过许多高唱道德的人。

这不仅是我个人的意见，我敢说蔡先生和适之先生在这两个问题上和我的意见大致是相同的；适之还活着，人们不相信可以去问他。凡是熟知蔡先生言行的人，也不至于认为我这话是死无对证信口开河。

五四运动，是中国现代社会发展之必然的产物，无论是功是罪，都不应该专归到那几个人；可是蔡先生、适之和我，乃是当时在思想言论上负主要责任的人，关于重大问题，时论既有疑义，适之不在国内，后死的我，不得不在此短文中顺便申说一下，以告天下后世，以为蔡先生纪念！